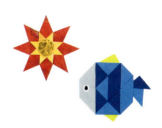

季節の おりがみ壁飾り

折ってつないで作る

機能訓練指導員 堀込 好子

Introduction
はじめに

「おりがみ壁飾り」ができるまで

私は2006年に開設した介護付有料老人ホーム「家族の家ひまわり与野」に、機能訓練指導員として仕事に就きました。そこで入居者さんへの通常のリハビリ療法と共に、その一環として行った手作業が、ぬり絵とおりがみでした。

入居者の皆さんが作ったおりがみを、作品として目に見える形にするためにカレンダーとしてまとめ、施設に飾ったところ好評に。おりがみのほかにも、翌年は切り紙のカレンダー、その翌年には紙で作ったステンドグラス風カレンダーへとレベルを上げていきました。
指先を使い、のりやハサミを使いながら色彩を選択することで、皆さんには自発的に作業をする力がついてきたのだと思われます。入居者のみなさんをはじめ、ご家族や周囲の方たちも、毎月でき上がる作品を楽しみにする環境ができ上がっていきました。

入居者さんの進歩に追われ、私自身もさらなる作品の在りようを考えていたのですが、そこでたどり着いたのがおりがみのパーツを組み合わせて、パッチワークのような作品にできないだろうかという思いでした。
かねてより、鉛筆で丸めたおりがみが作品に生かせそうだと考えていたのですが、実際に

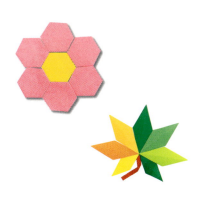

紙筒を平らにして幾重にも並べてみるとパッチワークのようであり、可能性が見えてきたのです。

私自身洋裁の経験も長く、生地自体にはなじみもあるのですが、紙はより身近な存在で使える種類も多く、組み合わせ方の自由度も大きいのでより多くの人がすぐに作品作りに参加することができます。独自の表現のしやすさも感じて「おりがみ壁飾り」を試験的にはじめ、今日にいたっています。

おりがみだけでなく、日常にある身近な包装紙や新聞広告の色彩などにも日々目を向けてください。あなたがきれいだ、美しいと感じたらそれが素材となるのですから、すぐに作品作りにかかりましょう。

おりがみを使った壁飾りは、細やかな作業で集中力と想像力が養われますし、一つの作品を創り上げることが喜びと自信になります。さらにその作品をつなげて大きな作品にすれば、感動もより大きなものとすることができます。掲載作品にこだわらず、ぜひあなた自身の独自な表現の可能性を広げてみてください。

機能訓練指導員
堀込好子

もくじ
Contents

お年寄りと
楽しく壁飾りを作るポイント …… 6
この本の使い方 …… 8
おりがみのはなし …… 10
基本となる
おりがみのパーツA〜P …… 11
台紙をアレンジしましょう …… 16

夏

ひまわり …… 32
ソフトクリーム …… 34
風ぐるま …… 35
雨とかさ …… 36
太陽 …… 37
すいれん …… 38
ヨット …… 39
金魚 …… 40
さかな …… 41
切り紙で作る夏のモチーフ …… 42
夏のモチーフ飾り方はいろいろ …… 44

コラム ❷ 材料のはなし …… 45

春

バスケット …… 18
チューリップ …… 20
花だんのチューリップ …… 21
ブーケ …… 22
クローバー …… 23
六角形の花 …… 24
小さな六角形の花で
小ものを作ってみましょう …… 25
春の窓辺 …… 26
バラ …… 28
さくら …… 30

コラム ❶ 額ぶちのはなし …… 31

この本に関するご質問は、お電話またはWebで
書名／折ってつないで作る 季節のおりがみ壁飾り
本のコード／NV70309　担当／加藤麻衣子
TEL／03-5261-5489（平日13:00〜17:00受付）
Webサイト「日本ヴォーグ社の本」
http://book.nihonvogue.co.jp/
※サイト内（お問い合わせ）からお入りください。（終日受付）（注）
Webでのお問い合わせはパソコン専用になります。
★ 本誌に掲載の作品を、複製して販売（店頭、ネットオークション、バザーなど）することは禁止されています。個人で手作りを楽しむためのみにご利用ください。

秋

魔女	47
カボチャとコウモリ	47
キャンディー＆クッキー	48
コーヒーカップ	49
もみじ	50
紅葉	51
りんご	52
ふくろう	53

コラム❸ お年寄りもいきいき！制作中を訪問しました… 54

お正月

着物	70
扇	72
破魔矢（はまや）とこま	73
ことぶき	74

実物大型紙 ………… 75

冬

クリスマスのオーナメント	56
サンタ／キャンドル／ポインセチア／トナカイ／ステッキ	
リース	58
4本のツリー	60
かんたんツリー	61
4段重ねのツリー	61
星	62
ひいらぎ	62
ステッキ・ブーツ・キャンドル	63
家とモミの木	63
教会	64
ポインセチア	65
雪の結晶	66
つばき	68

コラム❹ 壁飾りをアレンジしてみましょう … 69

お年寄りと **楽しく壁飾りを作るポイント**

おりがみ壁飾りは、おりがみで折った簡単なパーツを組み合わせてできています。
壁飾りは、短時間でできるものから、少し時間のかかるものまでさまざま。
ぜひ難易度の☆印を目安に、かんたんな作品からはじめてみてください。
ここでは施設で作る時に、気をつけているポイントをご紹介します。

1 時間を決めて

施設での作品作りは週2回、1回は1時間以内にと時間を決めて行っています。おりがみに夢中になって折っていると、その時にはわからなくても、終わった後から肩がこってしまったり、疲れを感じてしまいます。人それぞれ、体力と気力には個人差がありますので、30分を2回に分けるなど、時間配分は無理をしないように楽しみましょう。

2 作業のコツ

まずは簡単なおりがみのパーツを折ってもらいましょう。1回でできる方や何回かやるうちにできる方、どうしてもできない方もいらっしゃいます。できない時やむずかしい作業は無理をしないで、できる人にお願いすることも大切です。
一度に全部を仕上げるのが大変な時は、おりがみのパーツ作りは時間のある時に作りためておくと作業がはかどります。また、のりやハサミなどのよく使う道具は、1人1セットあると便利です。

③ 手を動かす大切さ

おりがみを折ったり、ハサミを使ったり、手を動かすことはリハビリにもつながります。施設では、壁飾り作りのほかに、ぬり絵をしてそれをハサミで切り抜く練習もしています。これは色使いの楽しさや、ハサミの使い方に慣れてもらうためです。ハサミを普段使わない方は、まず簡単なものを切って練習しましょう。練習するうちに、上手に使えるようになります。

④ 色合わせに悩んだら

どの色でおりがみを折ったらいいか、悩んでいる方がいたら、「好きな色を選んでください」とアドバイスをしましょう。好きな色を決めたら、その色に合う色を…と並べていくとその人の個性が出てきます。おりがみを折る時は、はじめは7.5×7.5cmの大きさのものからはじめて、慣れてきたら徐々に小さなサイズへと進めていきます。

⑤ でき上がった達成感

壁飾りができたら、みんなが作ったものをまとめてみましょう。施設では誰がどの壁飾りを作ったかがわかるように、名前を書いて飾っています。名前を書くことで、「自分がこの作品を作った」とみなさんの自信や達成感にもつながっています。
もし失敗しても、そこに違うパーツを貼り重ねることで新しい表現が見えてくることもあります。慎重さは大事ですが、失敗を恐れないようにすることが大切です。

この本の使い方 How to use

特別な材料や道具は必要ありません。
身近にあるものを利用して、誰でもかんたんに作れるのが魅力です。

STEP 1 材料を集めましょう

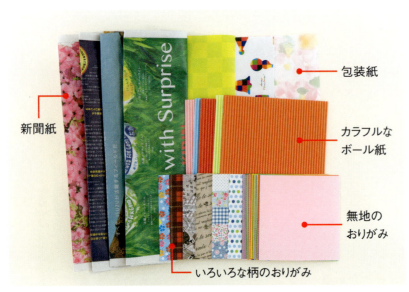

- 新聞紙
- 包装紙
- カラフルなボール紙
- いろいろな柄のおりがみ
- 無地のおりがみ

材料になる紙は、おりがみのほかにも、きれいな包装紙や新聞紙のカラーページが活躍します。無地のおりがみを使うと、はっきりとした色合いの壁飾りに。新聞紙や包装紙を使うと、柔らかい雰囲気に仕上がります。
文具店や100円ショップでは、チェックや水玉などおしゃれな柄のおりがみのほか、ボール紙なども扱っているので、お好みの材料を見つけてください。

STEP 2 道具の準備

①セロハンテープ
おりがみのパーツどうしを貼る時に使います。

②両面テープ
17ページの「編み編みの台紙」で、厚紙にパーツを貼る時に使います。

③洗濯バサミ
おりがみのパーツをのりで貼った時、乾くまではさんでおくのに使います。

④スティックのり
15ページのパーツPでのみ使います。

⑤液体のり
おりがみのパーツどうしを貼ったり、台紙にパーツを貼る時に使います。

⑥油性ペン
おりがみのパーツの表側がわかるよう、裏側に印を書く時に使います。

⑦えんぴつ
えんぴつは削る前の新しいものを用意します。15ページのおりがみのパーツPを作る時に使います。

⑧ハサミ
おりがみやパーツを切る時に使います。

STEP 3 壁飾りを作りましょう

はじめて作る人やかんたんに作りたい人は、難易度の☆マークを参考にしてください。☆（やさしい）、☆☆（ふつう）、☆☆☆（むずかしい）作る時の目安になります。

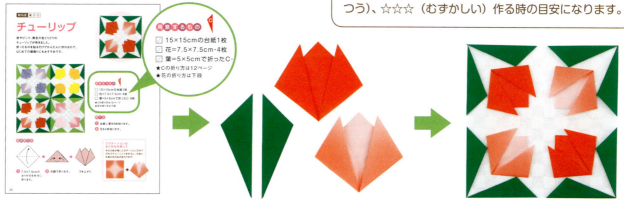

1. 作りたいものが決まったら、「用意するもの」の項目をチェックします。
2. おりがみを折ってパーツを用意します。
   ★パーツの折り方は11〜15ページ
3. 作り方を見ながら、台紙にパーツを貼ると、壁飾りのでき上がりです。

STEP 4 楽しみ方はいろいろ

周りを紙で作った額ぶちで飾って

でき上がった壁飾りは1枚で飾っても素敵ですが、幼稚園や保育園でのおりがみの時間や、老人ホームでのレクリエーションの場など、みんなで作ってつなぐと大きな壁飾りができ上がります。季節ごとに分類しているので、探しやすく、1年中楽しめます。また、メッセージカードやドア飾りにアレンジしたり、この本ではいろいろな楽しみ方もご紹介します。

たくさんつないで額に入れれば、インテリアにも

アレンジした小ものもたくさん！

はがきに貼って、季節のお便りに

さまざまなモチーフを組み合わせてドア飾りに

おりがみのはなし

この本で使うおりがみのサイズです。15×15cmのおりがみを基本に、1／4の大きさの7.5×7.5cm、1／9の大きさの5×5cm、1／16の大きさの3.75×3.75cmを使います。

15cm
7.5cm
5cm
3.75cm

包装紙もおりがみに！

包装紙をおりがみのサイズに切っておくと、使いたい時にすぐに使えます。例えば、5×5cmに包装紙を切りたい場合は、10×10cmの包装紙を4等分すると4枚のおりがみができ上がります。小さなサイズに切ったものは、仕切りのあるお菓子の入れものなどを利用してストックすると便利です。

基本となるおりがみのパーツ A〜P

この本の壁飾りは、おりがみで折ったパーツを組み合わせて、台紙に貼って作ります。
ここでは、A〜Pまでの16種類のパーツをご紹介します。
18ページからの作品に必要なパーツは、この図を見て折りましょう。

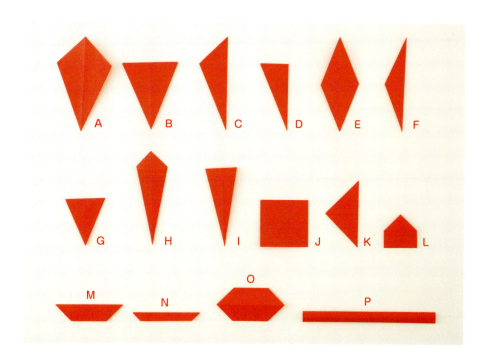

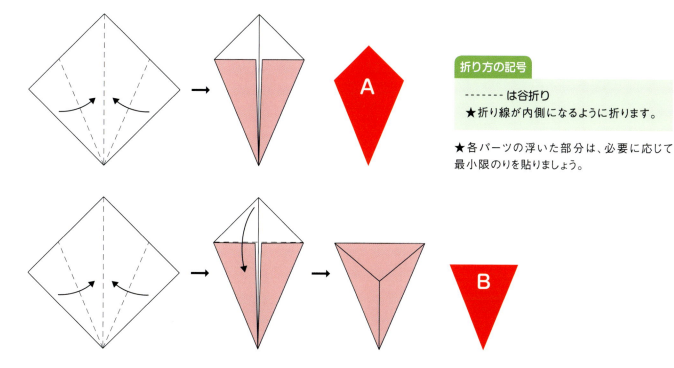

折り方の記号

- - - - - - は谷折り
★折り線が内側になるように折ります。

★各パーツの浮いた部分は、必要に応じて最小限のりを貼りましょう。

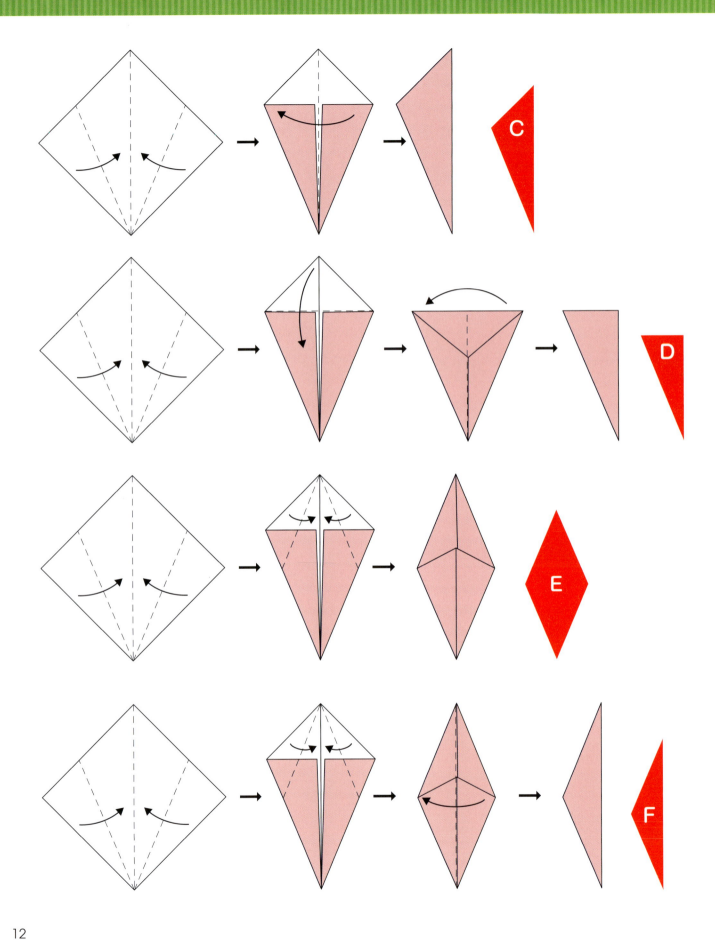

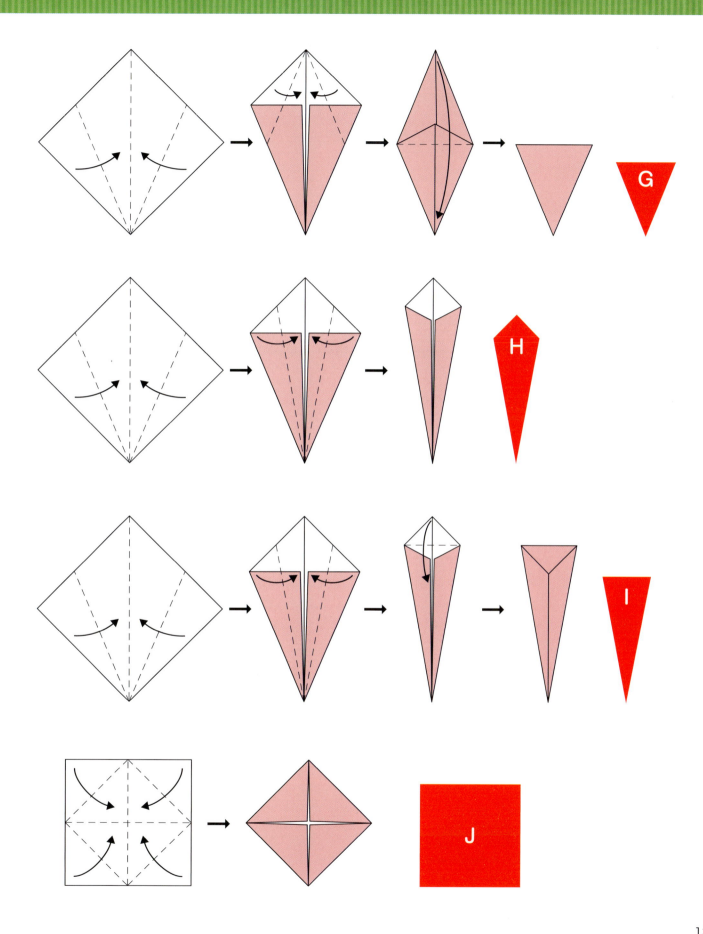

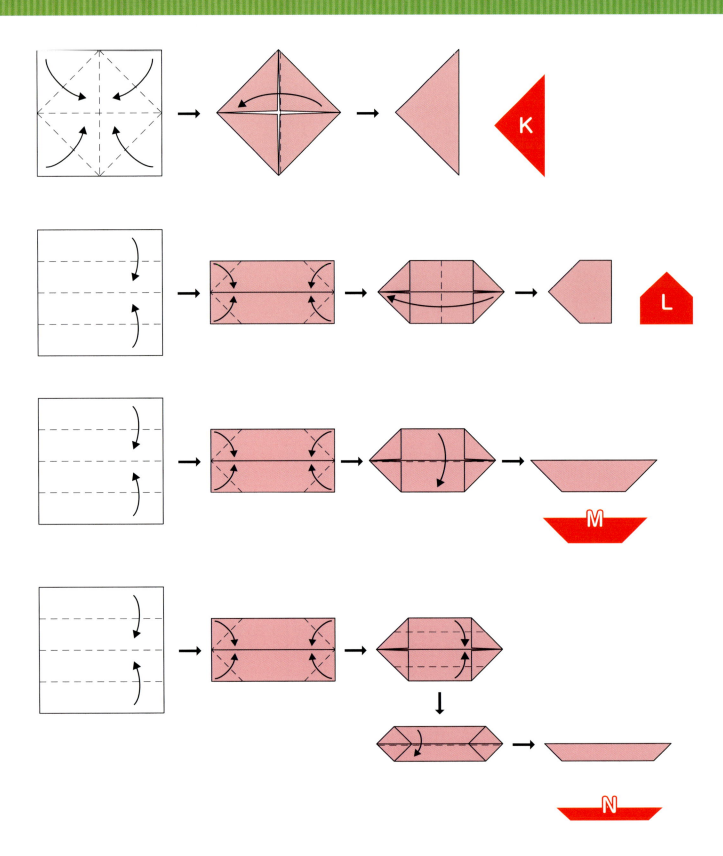

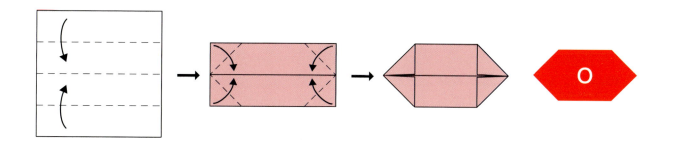

Pの折り方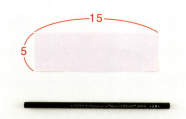

① 15×15cmのおりがみを、3等分に切って使います。おりがみの上にえんぴつを置き、端からくるくる巻いていきます。

② 最後にスティックのりをおりがみの端につけて巻きます。
★スティックのりを使うと、のりが乾いた時にしわになりません。

③ 巻けました。
★かたいテーブルの上よりも、新聞紙の上で巻いた方が巻きやすいです。

④ えんぴつを抜きとります。のり代（のりをつけた部分）を上にして、指で押さえて平らにします。

ポイント・・・
使う時はのり代が裏側になります。裏側に線を引いておくと、表・裏がすぐにわかって便利です。

パーツPのでき上がり！

5×15cmの厚紙で型紙を作り、新聞紙などを切り抜いて作ったパーツPです。よく使うパーツは時間のある時に作って、ストックしておくと便利。色別にわけておくと探しやすくなります。ストックしたパーツは、使う前にもう一度指で押さえて伸ばしてから使いましょう。

台紙をアレンジしましょう

おりがみのパーツを貼る台紙のアレンジ例です。台紙を変えると壁飾りの表情も変わってくるので、いろいろ試してみましょう。

★パーツPの折り方は15ページ
★基本となる台紙は、15×15cmのおりがみの裏を使用しています

壁飾りをまとめる時は、マス目の入った模造紙にすき間が空かないように貼ります。すべて貼れたら、額ぶち分を残して模造紙の余分を切るようにします。

一列に並べた台紙

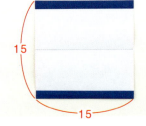

でき上がり

1 台紙を半分に折って折り目をつけます。片方の面に6枚ずつ、パーツPを並べてのりで貼っていきます。

2 すき間がなるべく開かないよう、またパーツどうしが重ならないよう調整しながら貼っていきます。

たがい違いに並べた台紙

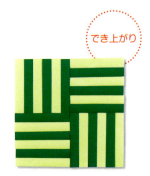
でき上がり

1 台紙を4つ折りにして折り目をつけます。半分の長さにカットしたパーツPを、折り目にそって縦と横がたがい違いになるようにのりで貼ります。

2 4つに区切られた面に、パーツPを5枚ずつ貼ります。台紙からはみ出した分は、裏側から台紙にそって切ります。

モザイク画の台紙

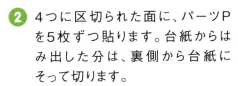

でき上がり

1 パーツPを2〜3cmくらいの長さに、ランダムにカットします。

2 台紙を4等分に折ります。Pを1つの面に3段ずつ貼っていきます。台紙からはみ出した分は、裏側から台紙にそって切ります。

ちぎり絵の台紙

でき上がり

❶ 新聞紙の広告ページなど、カラーの紙を用意します。新聞を縦に裂いてちぎり、台紙にのりで貼っていきます。

❷ 貼れました。台紙からはみ出した分は、裏側から台紙にそって切ります。

額ぶち風の台紙

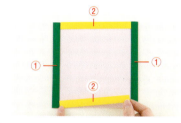
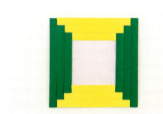

作品例

❶ 台紙の左右にパーツPを1枚ずつ貼ります（①）。上下を内側のサイズに合わせて、パーツPをカットして貼ります（②）。

❷ 左右、上下と順番に、中心に向かってパーツPを3〜4段ずつ貼っていきます。

30ページの「さくら」の台紙に使いました。

編み編みの台紙

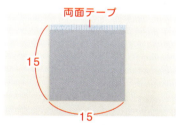

両面テープ

15
15

❶ 15×15cmに切った厚紙の、上の辺に両面テープを貼ります。厚紙は、おりがみを買った時についているものを利用すると便利です。

❷ パーツPを11枚、両面テープのところにだけ貼ります。きっちり並べると12枚貼れますが、11枚にして、少しすき間を作って貼るのがポイントです。

❸ 別の色のパーツPを、横にしてたがい違いにくぐらせながら通していきます。

作品例

❹ 通したらそのつど、すき間があかないように奥までつめて、端をのりで貼ります。

❺ 台紙に合わせて、周囲をきれいに切りそろえます。両面テープごと、厚紙からゆっくりはがします。

44ページの「パイナップル」に使いました。

17

難易度 ★☆☆

バスケット

持ち手の型紙 76ページ

花やくだものをいっぱいにつめ込んだバスケット。
花のカタログやスーパーのチラシから、
好きなものを切りとって飾るのが楽しいですね。

用意するもの

- ☑ 15×15cmの台紙1枚
- ☑ 5×5cmで折ったK・8枚
- ☑ 5×5cmで折ったM・1枚
- ☑ 持ち手=8×14cmの紙
- ☑ 中の飾り=花や食べものの写真の切り抜き

★K・Mの折り方は14ページ

作り方

① 台紙にKとMを貼ります。

ポイント・・・
台紙にあらかじめ、図のようにTの線を書いておくと、線に合わせてパーツを貼る時の目安になります。①~⑨の順に貼るときれいに仕上がります。

② 色画用紙などに持ち手の型紙を写します。図案にそって切り抜いて、持ち手を作り、台紙に貼ります。

③ バスケットの中を、好きな花や食べもので飾ります。

　23枚の壁飾りを模造紙に貼り、ふち取りにはパーツPをつなぎ目の上に重ねて貼りました。バスケットの中には、花やくだもの、美味しそうなパンなどさまざまです。お酒好きの人が作ったのでしょうか？　お酒のビンや缶が入ったユニークなものも。並べる時はカメラを通して見てみると、全体像がつかめておすすめです。

バスケットに飾るもの

花屋さんや母の日のカタログには、色とりどりの花がたくさん写っています。
また、食べものの写真は、お歳暮やお中元のカタログ、スーパーのチラシから見つけることができます。
見つけた写真はハサミで切り抜いてみましょう。バスケットに飾れば、いつもは捨ててしまう紙たちが、すてきに変身します。

難易度 ★☆☆

チューリップ

赤やピンク、黄色の色とりどりの
チューリップが咲きました。
折ったものを貼るだけでかんたんに作れるので、
はじめての壁飾りにもおすすめです。

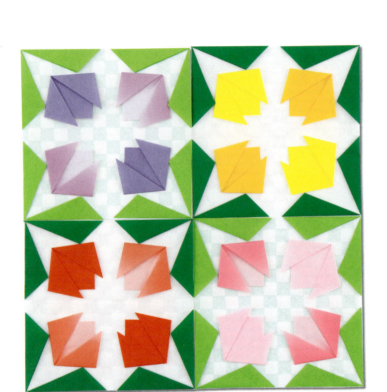

用意するもの

- ☑ 15×15cmの台紙1枚
- ☑ 花＝7.5×7.5cm・4枚
- ☑ 葉＝5×5cmで折ったC・8枚

★Cの折り方は12ページ
★花の折り方は下段

作り方

1. 台紙に葉を8枚貼ります。
2. 花を4枚貼ります。

花の折り方

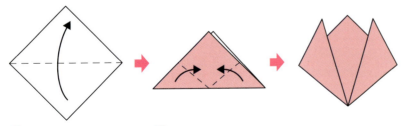

1. 7.5×7.5cmのおりがみを半分に折ります。
2. 点線で折ります。

でき上がり

グラデーションのおりがみを使って

中心の色が薄いグラデーションのおりがみでチューリップを折ると、内側と外側の花の色が変わります！

難易度 ★★☆

花だんの
チューリップ

おりがみのパーツを組み合わせて作るチューリップです。
壁飾りをたくさんつなぐと、大きな花だんができ上がります。

用意するもの

- ☑ 15×15cmの台紙1枚
- ☑ 花（内側）＝5×5cmで折ったJ・2枚
- ☑ 花（外側）＝5×5cmで折ったK・4枚
- ☑ 葉＝5×5cmで折ったC・4枚
- ☑ 空＝P・3枚
- ☑ 花だん＝P・4～5枚

★C・J・K・Pの折り方は12～15ページ

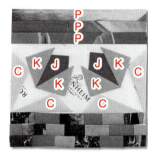

作り方

1. 台紙の上側にPを3枚貼り、空を作ります。

2. カットしたPを台紙の下側に3段貼り、花だんを作ります。
   ★Pの貼り方は16ページ

   ポイント
   茶系の包装紙や新聞紙のカラーページを使うと、レンガの質感が出ます。

3. Jの上にKを重ねて、のりで貼った花を2枚作ります。

   のりが乾くまで、洗濯バサミで固定すると便利です。

4. 台紙に葉と花を貼ります。

難易度 ★ ☆ ☆

ブーケ

あふれんばかりの花のブーケは、
台紙に英字柄や黒のおりがみを使って上品に。

用意するもの

- [x] 15×15cmの台紙1枚
- [x] ブーケ＝7.5×7.5cmで折ったA・1枚
- [x] 葉＝5×5cmで折ったE・6枚
- [x] 花＝7.5×15cm・1枚

★A・Eの折り方は11〜12ページ
★花の作り方は下段

作り方

1. 台紙を4つ折りにして折り目をつけます。
2. 折り目を目安に、A、E、花を台紙に貼ります。

花の作り方

1. 7.5×15cmの紙を半分に折り、折り目をつけます。

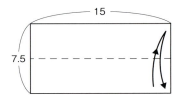

2. 折り目に合わせて折って4つ折りにし、紙の端にのりをつけて貼ります。

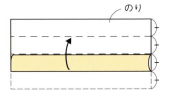

3. 正方形にカットして花を6枚作ります。

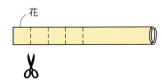

ブーケ4枚を合わせて貼りました。放射状に広がるように配置すると、同じ向きに並べるよりも動きが出てきます。

難易度 ★★☆

クローバー

くきの型紙 76ページ

幸せを呼ぶといわれている4つ葉のクローバー。
咲いているのを見つけるのは大変ですが、
おりがみなら愛らしいクローバーができ上がります。

用意するもの　L　P

- [x] 15×15cmの台紙1枚、P・12枚
- [x] クローバーの葉＝7.5×7.5cmで折ったL・8枚
- [x] くき＝12×10cmの紙

★台紙の作り方は16ページ
★L・Pの折り方は14〜15ページ

折る　〈裏側〉　〈表側〉

作り方

① 台紙を作ります。

② Lの左右の角を折って、クローバーの葉を作ります。

③ 色画用紙などにくきの型紙を写します。図案にそって切り抜いて、くきを4枚作ります。

④ Lとくきを台紙に置いてみて、くきがLの下に隠れるように貼ります。

壁飾りをまとめてみましょう。四隅の角が合わさって、さらにクローバーが浮かび上がります。たくさんつなぐほど賑やかに。

難易度 ★★★

六角形の花

六角形の型紙 75ページ

六角形のパーツを組み合わせて花を作りましょう。
花と緑色の六角形をつないでいくと、
花園のように見えてきます。

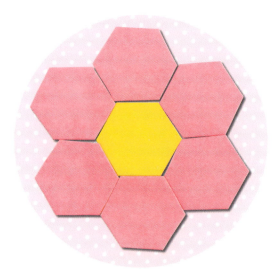

用意するもの

- 15×15cmの台紙1枚
- 厚紙で作った六角形の型紙
- 花＝7.5×7.5cm・7枚

作り方

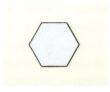

❶ ハガキくらいの厚みの厚紙に型紙を写します。図案にそって切り抜いて、型紙を作ります。

❷ 7.5×7.5cmのおりがみの裏側に型紙を置きます。

裏
表

❸ 型紙に合わせて6辺を折っていきます。折りぐせをつけたら、型紙は抜いてまた使いまわします。同じようにして、7枚のパーツを用意します。

❹ 台紙に上下の辺を合わせてパーツを貼り、左右、中央を貼ります。花の周りの台紙を切ります。

花どうしを合わせる時は、間に緑色の六角形を入れましょう。大きな模造紙に花と緑色を貼って、最後に周りを切り落とします。

小さな六角形の花で小ものを作ってみましょう

六角形の型紙
75ページ

型紙の周りに折り代をつけて切ったおりがみを8枚用意します。7枚は型紙を合わせて折りぐせをつけ、1枚は台紙に使います。台紙中央に1枚貼り、周りに6枚貼って花を作ります。

花のオーナメント

両面テープでリボンに貼るとオーナメントができ上がります。花は無地のほかにも、和柄やチェックなど、いろいろな柄で作ってみましょう。リボンは100円ショップのラッピングコーナーなどでも手に入ります。

リボン

花のリース

直径19cm（内径10cm）のリース状にカットしたボール紙に、花のオーナメントを等間隔に貼りました。淡色を多く使って上品に。

ボール紙

難易度 ★★★

春の窓辺

花や動物が顔をのぞかせる窓辺です。
たくさんの人で作ってつないで、
それぞれ違う部屋の様子を楽しみましょう。

用意するもの

- ☑ 15×22cmの台紙1枚
- ☑ 窓＝10×15cm・1枚
- ☑ 窓枠＝P・2枚
- ☑ トビラ＝P・3枚
- ☑ 壁＝P・22枚
- ☑ 窓のサッシ＝P・1枚
- ☑ 飾り＝花や動物などの写真の切り抜き

★Pの折り方は15ページ
★窓は部屋の壁紙も兼ねています。好みの柄を選びましょう。

作り方

1 台紙に写真のように線を書いておきます。

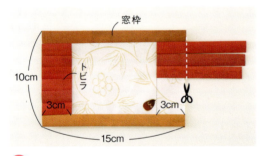

2 窓の上下に窓枠を貼ります。左右3cmの位置に線を引き、線に合わせてトビラのPを貼り、窓に合わせて切りそろえます。

3 台紙に窓を貼ります。壁にPをランダムにカットしてモザイクのように貼ります。
★貼り方は16ページ

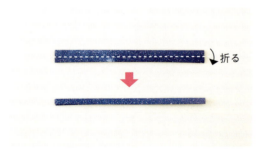

4 窓のサッシは、Pを半分に折って細くして作ります。

5 窓にサッシ、クッションや花、動物の写真を貼って窓辺を飾ります。

みんなで作った窓辺を のぞいてみましょう

部屋の中にはクッションがたくさん。
リラックスできそうです。

花いっぱいの窓辺には、愛らしい犬が顔をのぞかせます。

窓辺を縦横に4枚ずつ合わせ
てアパートのように。飾るもの
で作った人の個性が光ります。

難易度 ★★★

バラ

4枚のパーツを折って作るバラの花は、
折ることで立体感が出て華やかに。
無地のほかにも小花柄やチェック柄、包装紙など、
いろいろ試して表情の違うバラを楽しんでください。

用意するもの

- ☑ 15×15cmの台紙1枚
- ☑ バラ＝7.5×7.5cmで折ったC・8枚
- ☑ 葉＝3.75×3.75cmで折ったE・好みの枚数

★C・Eの折り方は12ページ

作り方

1. 右ページを見てバラを2枚折り、台紙に貼ります。
2. Eを好みの枚数貼り、葉をつけます。

9枚つないで、周囲には三角形の台紙を配置しました。

<裏側>

<表側>

三角形の台紙の作り方

7.5×15cmで折ったMを3枚、3角形に組みます。裏側から紙を貼り、表に返すとでき上がりです。

★Mの折り方は14ページ

バラの折り方

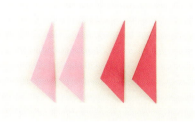
① 7.5×7.5cmのおりがみを、色違いで各2枚ずつ用意します。パーツCを4枚折ります。

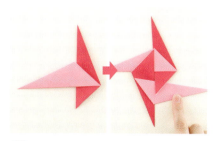
② 4枚をこい色、うすい色の順に反時計回りに重ねます。最後は一番下のCにくぐらせて重ねます。

③ 重ねたら外れないように、表と裏側の中心を1.5×1.5cm以内のテープで止めます。

中心を止める

④ 一番上の重なりを中心に向かって折ります。

⑤ 同じように、反時計回りに残りの重なりを中心に向かって折っていきます。

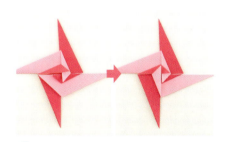
⑥ 4枚の重なりが折れました。

⑦ 最初に折った重なりの先を上側に出します。

⑧ 外側を折ります。折った時に、向かい合う辺と平行になるように折ります。

⑨ 同じように、反時計回りに外側を折っていきます。

⑩ すべて折れました。最後に折った先を、下側に入れます。

下に入れる

⑪ でき上がり

| 難易度 ★★☆ |

さくら

春になると満開になるのが楽しみなさくら。
花びらを重ねて、
はらはらと花が舞っている様子を表現しましょう。
花柄の包装紙を使うと、繊細な模様が上手に表現できます。

用意するもの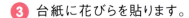

- ☑ 15×15cmの台紙1枚、P・16枚
- ☑ 花＝3.75×3.75cmで折ったE・10枚

★台紙の作り方は17ページ
★E・Pの折り方は12〜15ページ

作り方

1. 台紙を作ります。
2. E・2枚の先を約1cmあけて重ねて、のりで貼ります。同じようにして、5組の花びらを作ります。
3. 台紙に花びらを貼ります。

ポイント・・・
花びらは最初に上を決めて貼ってから、等間隔に残りの4組を貼るときれいに貼ることができます。

額ぶちのはなし

壁飾りの周りを額ぶちのように飾ってみましょう。ますます輝いて見えます。
壁飾りをつなぐ時は、模造紙に壁飾りを並べて貼りますが、
その時に周りを3〜5cm残しておくと額ぶちがつけやすくなります。
額ぶちのアイデア例をご紹介しますので、自由に楽しんで作ってください。

赤と白のしま模様の包装紙を使いました。包装紙の柄を縦に使うことで、中の壁飾りが強調されて見えます。（22ページ）

左の写真と同じ包装紙を横に使って、間に三角形を飾りました。同じ包装紙でも、縦と横の向きを変えると違う表情になります。（34ページ）

「雨とかさ」の額ぶちには、色とりどりのかさをさした人が道を並んで歩いているような楽しいデザインに。（36ページ）

ちぎり絵のような包装紙を利用して、遠くに山が広がる風景のようなイメージに。包装紙は濃淡のある柄なので、遠近感も出ます。（39ページ）

木々の周りの額ぶちには、パーツで作った柵や家を並べました。周囲を飾ることで、木々がいきいきとした森のように見えてきます。（51ページ）

「クリスマス」の額ぶちには、雪をイメージして丸く切ったボール紙を並べました。凹凸のあるボール紙は、雪の質感も感じられます。（63ページ）

ひまわり

大輪の花を咲かせたひまわり。
基本作品ができ上ったら、
ぜひ応用作品にもチャレンジしてみてください。
パーツを編んで花芯を作ると、ぐっと華やかになります。

基本作品　難易度 ★☆☆

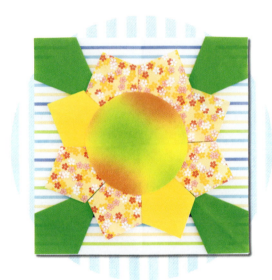

応用作品　難易度 ★★★

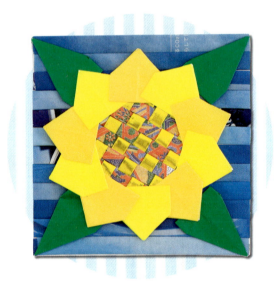

基本作品

花芯の型紙 75ページ

用意するもの

- 15×15cmの台紙1枚
- 葉＝5×5cmで折ったA・4枚
- 花＝5×5cmで折ったA・8枚
- 花芯＝7.5×7.5cm

★Aの折り方は11ページ

作り方

1. 台紙を4つ折りにして折り目をつけます。
2. 台紙の4つの角に合わせて、葉を4枚貼ります。
3. 台紙の折り目に合わせて、花を8枚貼ります。
4. 中央に丸く切り抜いた花芯を貼ります。

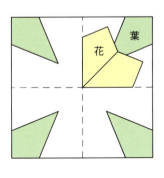

応用作品

> 花びらスケールの型紙 75ページ

用意するもの

- [ ] 15×15cmの台紙1枚、P・12本
- [ ] 葉＝7.5×7.5cmで折ったG・4枚
- [ ] 花＝7.5×7.5cmで折ったL・10枚
- [ ] 花芯＝7.5×7.5cmを2色・各3枚、7.5×7.5cmの厚紙

★台紙の作り方は16ページ
★G・L・Pの折り方は13～15ページ

作り方

1. 台紙を作ります。

2. Gの左右の角を折って葉を4枚作ります。
3. 台紙の4つの角に合わせて、葉を4枚貼ります。
4. 花びらスケールを使ってLを10枚貼り合わせます。
5. 花芯を作ります。
6. 花芯に花をのせてのりで貼ります。
7. 台紙にひまわりの花を貼ります。

花芯の作り方

1. 7.5×7.5cmの紙を半分に切って使います。半分に折り、折り目をつけます。

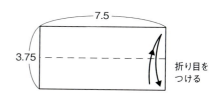

2. 折り目に合わせて折って4つ折りにし、紙の端にのりをつけて貼ります。同じように12枚作ります。

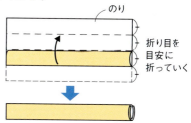

3. 7.5×7.5cmの厚紙の上の辺に両面テープを貼り、6枚縦に貼ります。横に6枚たがい違いにくぐらせながら通して編み編みを作ります。幅の細い編み編みができます。
★編み編みの作り方は17ページ

> **花びらスケールの使い方・・・**
> スケールにそって花びらを重ね、花びらが重なったところをのりで貼ります。スケールを使うことで、花びらの頭がきれいに並びます。
>
>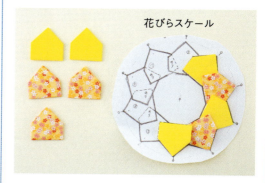

難易度 ★★☆

ソフトクリーム

夏に食べたい人気のおやつ、ソフトクリーム。
おりがみや包装紙の、好みの色や柄を使って、
チョコレートや抹茶味など好きな味を作ってみましょう。

用意するもの

- [ ] 15×15cmの台紙1枚
- [ ] ソフトクリーム＝P・2枚
- [ ] コーン＝7.5×7.5cmで折った
  G・1枚とM・1枚
- [ ] 台紙周りの飾り＝5×5cmで折ったE・6枚

★E・G・M・Pの折り方は12〜15ページ

いろいろな味のソフトクリームが集まりました。水玉模様の包装紙を使ったソフトクリームは、上にトッピングがのったような楽しい仕上がりに。

作り方

① ソフトクリームを作ります。Pをそれぞれの長さにカットします。

② Pを下から長い順に並べて、裏側をセロハンテープで止めます。

③ ①で残ったPを2回折って、頂点を作ります。

④ MにGをはさんでコーンを作ります。ソフトクリームを1段かたむけてMに貼り、はみ出したところを切ります。

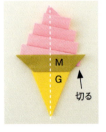

⑤ 台紙にEを6枚、中央にソフトクリームをのりで貼ります。

ポイント・・・
ソフトクリームが傾かないよう、ソフトクリームの頂点はコーンの中心線上に合わせて貼るときれいです。

難易度 ★☆☆

風ぐるま

日本の伝統的な玩具、風ぐるま。
和柄のおりがみを使って、
はんなりとした雰囲気に仕上がりました。
たくさんつなぐと風を受けて、
風ぐるまがくるくる回っているようです。

用意するもの

- [x] 15×15cmの台紙1枚
- [x] 風ぐるま＝7.5×7.5cmで折ったK・8枚

★Kの折り方は14ページ

作り方

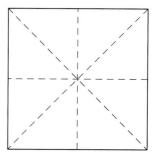

① 台紙を折って、折り目をつけます。

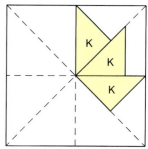

② 折り目に合わせて、Kを8枚貼っていきます。

35

難易度 ★☆☆

雨とかさ

雨粒をおりがみのパーツで表現。
並べ方によって雨の変化が楽しめるので、
たくさん作って自由につないでみましょう。

用意するもの

- ☑ 15×15cmの台紙1枚
- ☑ 雨＝3.75×3.75cmで折ったE・16枚

★Eの折り方は12ページ

作り方

1. 台紙に図のように線を書きます。
2. Eを線に合わせて貼ります。

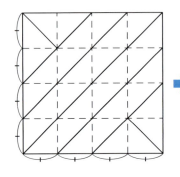

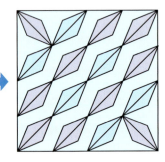

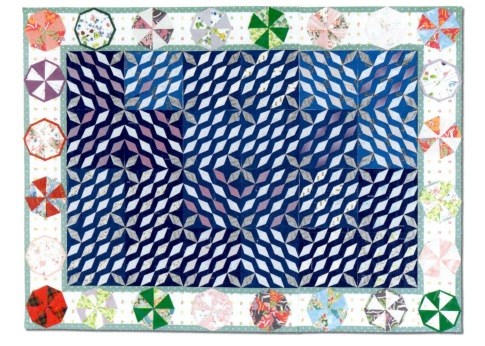

額ぶち（幅11cm）にはかさをさして歩く人を上から見たデザインに。鮮やかなかさをたくさん作って飾りましょう。

かさの作り方

1. 5×5cmの台紙を4つ折りにして、折り目をつけます。
2. 5×5cmで折ったB・8枚を、台紙の折り目に合わせて貼ります。

★Bの折り方は11ページ

難易度 ★★☆

太陽

梅雨が明けて、キラキラ輝く、
夏の太陽をイメージした壁飾りです。
台紙は空と雲をイメージして、
さわやかなストライプにしました。

中心の型紙75ページ

用意するもの

- ☑ 15×15cmの台紙1枚、P・12枚
- ☑ 太陽（外側）
  ＝3.75×3.75cmで折ったA・8枚
- ☑ 太陽（内側）
  ＝3.75×3.75cmで折ったA・8枚
- ☑ 太陽の中心＝5×5cm

★台紙の作り方は16ページ
★A・Pの折り方は11～15ページ

作り方

1. 台紙を作ります。
2. 太陽（外側）を①～⑧の順番で8枚貼ります。
3. 太陽（内側）を8枚貼ります。
4. 太陽の中心を貼ります。

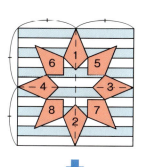

赤やピンク、黄色の太陽をつなぎました。
ストライプの縦と横をたがい違いに配置することで、動きが出て単調になりません。

難易度 ★★☆

すいれん

モザイク画のような美しい池に、
すいれんが浮かんだ風景です。
緑色のモザイクは葉をイメージして。
壁飾りをつなぐ時は、バランスをみて
花の位置を決めると自然になります。

用意するもの

- ☑ 15×15cmの台紙1枚、P・15枚
- ☑ 花＝3.75×3.75cmで折ったE・7枚、5×5cm・1枚

★台紙の作り方は16ページ
★E・Pの折り方は12〜15ページ

作り方

1. 台紙を作ります。
2. 5×5cmの紙を対角線で切り、三角形にして使います。
3. 紙に、Eを①〜④の順番で4枚貼ります。
4. さらにEを⑤〜⑦の順番で3枚貼り、花を作ります。
5. 余分な紙を切ります。
6. 花を台紙に貼ります。

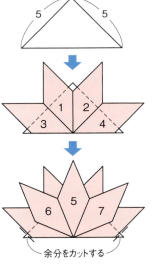

つなぐ時は、花のない台紙だけのものを混ぜるとバランスがよくなり、花も引き立ちます。

難易度 ★★☆

ヨット

大きな帆を広げて、
水面を気持ちよさそうに進むヨット。
2種類の形から選んで、
オリジナルのヨットを作りましょう。

ヨット①

用意するもの

- ☑ 15×15cmの台紙1枚、P・15枚
- ☑ 船＝15×12cmで折ったM・1枚
- ☑ 帆＝5×5cmで折ったK・4枚
- ☑ 帆の飾り＝3.75×3.75cmで折ったK・2枚

★台紙の作り方は16ページ（ヨット②も共通）
★K・M・Pの折り方は14〜15ページ

作り方

1. 台紙を作ります。
2. 下側の帆の上に飾りを貼ります。
3. おりがみを細長く切って好みに船を飾ります。
4. 台紙に船、帆の順番で貼ります。

ヨット②

用意するもの

- ☑ 15×15cmの台紙1枚、P・15枚
- ☑ 船＝7.5×7.5cmで折ったM・2枚
- ☑ 帆（大）＝7.5×7.5cmで折ったD・2枚
- ☑ 帆（小）＝5×5cmで折ったD・2枚

★D・M・Pの折り方は12〜15ページ

作り方

1. 台紙を作ります。
2. おりがみを細長く切って好みに船を飾ります。
3. 台紙に船、帆（大）、帆（小）の順番で貼ります。

難易度 ★☆☆

金魚

ひらひらの尾びれがキュートな金魚たち。
体に無地やチェック、台紙に水玉を使って、
ポップに仕上がりました。
金魚はいろいろな色でカラフルに作ってみましょう。

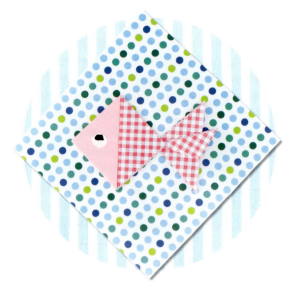

用意するもの

- ☑ 15×15cmの台紙1枚
- ☑ 頭・体＝7.5×7.5cmで折ったK・各1枚
- ☑ 尾びれ＝7.5×7.5cm・1枚
- ☑ 目＝白と黒のおりがみを少々

★Kの折り方は14ページ
★尾びれの折り方は下段

作り方

1. 折り方を見ながら、尾びれを折ります。
2. 台紙に頭、体、尾びれを貼ります。尾びれの先は体の下に入れるようにして貼ります。
3. 目を手でちぎって頭に貼ります。ちぎることで表情が豊かになります。

尾びれの折り方

1. 7.5×7.5cmのおりがみを半分に折ります。
2. 半分に折ります。
3. 点線のあたりで上の1枚を谷折りします。
4. でき上がり。

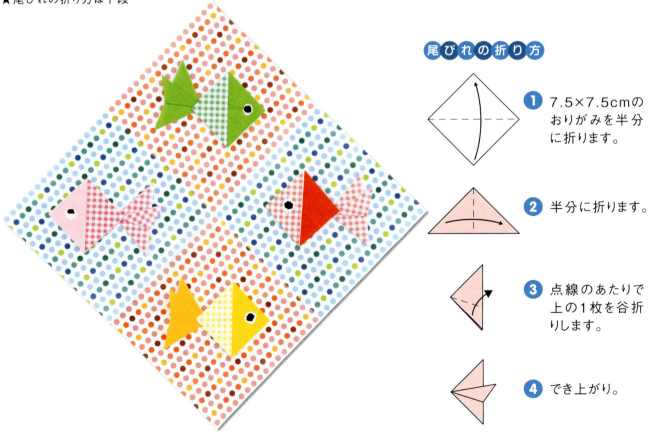

難易度 ★★☆

さかな

無地や花柄、和柄など、好きな色柄を組み合わせて、
世界に1匹だけのさかなができ上がりました。
みんなで作ってつないでみると、
海を泳ぐにぎやかなさかなの群れに。

用意するもの

- [x] 15×15cmの台紙1枚
- [x] 頭＝10×10cmで折ったK・1枚
- [x] 体＝5×5cmで折ったK・11枚
- [x] 背びれ＝5×5cmで折ったK・2枚
- [x] 尾びれ＝5×5cmで折ったK・2枚
- [x] 目＝白と黒のおりがみを少々

★Kの折り方は14ページ

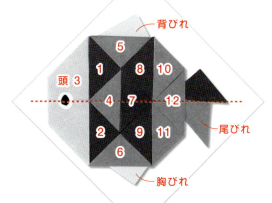

作り方

1. 10×10cmで折ったKの頂点を2cm裏側に折り、頭を作ります。
2. 台紙を対角線で半分に折り、折り目を目安に①〜⑫の順番でK（頭と体）を置いて位置を決めます。
3. Kを貼ります。⑤・⑥・⑫は各ひれを下にはさむようにして貼ります。
4. 目を貼ります。白目は直径約1.5cmの円に切り黒目は自由にちぎって貼りましょう。

難易度 ★★☆

切り紙で作る 夏のモチーフ

モチーフの型紙 76〜77 ページ

おりがみを半分に折って、図案を写して切って開くと…
植物や動物たちの切り紙のでき上がり!
開く時のワクワクを、楽しんで作りましょう。

カメの作り方

切り方は、ほかのモチーフを作る時にも参考にしてください。

① 15×15cmのおりがみと、カメの型紙を用意します。型紙は図案が左右対称なので、半分だけを用意します。

② おりがみを表を内側にして、対角線で半分に折ります。折り目に型紙を合わせて、型紙にそって図案を書き写します。

③ 図案が書けました。

④ 図案にそってハサミで切ります。

⑤ 外側が切れました。

ポイント

間を切り抜く時は、少し折り曲げて切り込みを入れます。

切り込みからハサミを入れて、図案にそって切り抜きます。

⑥ 切れました。おりがみを開くとカメの切り紙のでき上がり。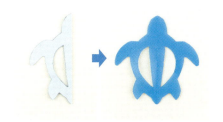

台紙はPを12本貼って作りました。カラフルな台紙に貼って飾ると、カメもいきいきとしてきます。
★台紙の作り方は16ページ

ヤシを作るポイント

ヤシの葉は図案が左右対称なので半分の型紙を用意しますが、ヤシの木は左右対称ではないので、葉とは別に型紙を作りましょう。

まずおりがみを半分に折り、葉の図案を写して切ります。

おりがみを開きました。向きに注意して木の図案を写し、切り抜きます。切り紙は切り抜いた外側を使います。

夏のモチーフ
飾り方はいろいろ

小さなスペースに…

1枚で飾るなら、玄関や窓辺にちょうどいいサイズです。壁飾りを17×17cmの紙に貼り、まわりに17cmの長さのPを貼って、額ぶちのようにしてみましょう。台紙に使ったPは、新聞紙のカラーページを使って、海や夕日に映える南国風にしました。

たくさんつないで大きく飾って…

葉とパイナップルを合わせて、大きな一枚に。葉は緑色、パイナップルは黄色と決めないで、青やピンク色など自由に合わせてみましょう。

パイナップルの作り方

1. 編み編みの台紙を作ります。
   ★台紙の作り方は17ページ
2. 15×15cmのおりがみを対角線で半分に折り、パイナップルの図案を写して切ります。切り紙は外側を使います。
3. 台紙の周りにのりをつけ、上に切り紙を貼ります。乾くまで洗濯バサミで止めておくとずれません。
4. パイナップルのヘタを貼ります。

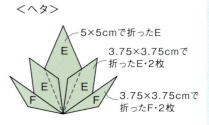

<ヘタ>
- 5×5cmで折ったE
- 3.75×3.75cmで折ったE・2枚
- 3.75×3.75cmで折ったF・2枚

★E・Fの折り方は12ページ

COLUMN 2
材料のはなし

おりがみのほかにも、包装紙や新聞紙など身近にあるいろいろなものが材料になります。ここではよく使う材料をご紹介します。

おりがみ

無地のおりがみのほか、最近では水玉や英字など柄の入ったものも多く売られています。柄のおりがみは台紙に使うと、1枚だけでもぐっと華やかになります。

包装紙

お菓子やプレゼントなどの包装紙は、花や文字の入った柄、絵が描かれているものなどさまざまな種類があります。きれいで捨てられずにとっておいた包装紙を、壁飾りにぜひ生かしてみましょう。

新聞紙

新聞紙のカラーページは、山や草木、海、花など自然の風景のものもよく見かけます。そのようなページを見つけたら、捨てずにとっておきましょう。新聞紙は手でちぎるのもかんたんなので、台紙にちぎり絵のように貼るのもおすすめです。

ボール紙

表面に凹凸があり、厚みもあるボール紙は、チョコレートの箱の内側についていたり、カラフルなものは文具店や100円ショップでも買うことができます。立体的に見せたいモチーフや、オーナメントの台紙にもおすすめです。

おりがみと新聞紙の色の違い

上の段はすべておりがみで、下の段は新聞紙のカラーページで作った色の見本です。見比べてみましょう。おりがみで作ると、はっきりとした鮮やかな色合いに。新聞紙を使うと、落ち着いた優しい雰囲気に仕上がります。

左はおりがみを使って、右は新聞紙を使ってりんごを作りました。どちらがお好みですか?

秋

ハロウィン

ほうきにまたがり空を飛ぶ魔女や、
愛嬌のあるカボチャのお化け、コウモリたちが
ハロウィンを盛り上げます。
どのキャラクターもパーツを組み合わせて形を作りましょう。

難易度 ★★☆

魔女

顔・ほうき・
月の型紙
77ページ

用意するもの

- [ ] 15×15cmの台紙1枚
- [ ] 帽子＝7.5×7.5cmで折ったK・1枚、G・1枚
- [ ] 顔＝ボール紙4×4cm
- [ ] 服＝7.5×7.5cmで折ったK・1枚、G・1枚
- [ ] ほうきの柄＝P・1枚
- [ ] ほうきの穂＝ボール紙9×4cm
- [ ] 月＝7.5×7.5cm

★G・K・Pの折り方は13～15ページ

作り方

1. 図を見ながら、KとGを貼り合わせて、帽子と服をそれぞれ作ります。

   ポイント・・・
   服はGの片方の端を裏側へ折ると、空を飛んでいる感じが出ます。

2. ボール紙に顔の型紙を写します。図案にそって切り、顔を作ります。

3. 服の上に顔を貼り、顔の上に帽子を貼ります。

4. ほうきの柄は、Pを半分に折って細長くして使います。ボール紙をほうきの穂の型紙に合わせて切り、柄の先につけます。

5. 月を型紙に合わせて切ります。

6. 月、ほうき、魔女を台紙に貼ります。

難易度 ★★☆

カボチャと
コウモリ

カボチャ
目・口の型紙
77ページ

用意するもの

- [ ] 15×15cmの台紙1枚

【カボチャ】
- [ ] 15×15cm・1枚、P・12枚（4個分）
- [ ] 目・口＝各5×5cm
- [ ] ヘタ＝P・1枚
- [ ] 葉＝3.75×3.75cmで折ったG・1枚

【コウモリ】
- [ ] 羽＝5×5cmで折ったC・4枚
- [ ] 体＝5×5cmで折ったG・1枚
- [ ] 頭＝5×5cmで折ったK・1枚、目＝少々

★C・G・K・Pの折り方は12～15ページ

作り方

【カボチャ】

1. 15×15cmの紙にPを12枚並べて貼ります。

2. ❶にカボチャの型紙を写して切り抜きます。台紙1枚で4個のカボチャが切り抜けます。

3. おりがみに目、口の型紙を写して切ります。ヘタはPを半分に細長く折り、2cmの長さに切ります。

4. カボチャに目と口を貼ります。

5. 葉、ヘタ、カボチャを台紙に貼ります。

【コウモリ】

1. C2枚を合わせて、裏側からセロハンテープで貼り羽を作ります。左右が対称になるように、羽をもう1枚作ります。

   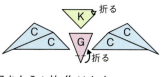

2. 頭はKの2つの角を折り、耳を作ります。

3. 体はGの角を裏側に折り、台形にします。

4. 体、頭、羽を合わせて、裏側からセロハンテープで止めます。目は好みの形に切り、頭に貼ります。

5. コウモリを台紙に貼ります。

難易度 ★★☆

キャンディー＆クッキー

カラフルなキャンディーとおいしそうなクッキーの飾り。
クッキーは4枚の角が合わさると浮かびあがる、
楽しいしかけです。

用意するもの

- [ ] 15×15cmの台紙1枚
- [ ] キャンディー＝7.5×7.5cm・1枚
- [ ] キャンディーのフリル
  ＝3.75×3.75cmで折ったE・6枚
- [ ] クッキー＝5×5cmで折ったK・4枚
- [ ] キャンディーの飾り＝カラーホイル紙

★E・Kの折り方は12〜14ページ
★キャンディーの折り方は下段

作り方

1. キャンディーを折ります。
2. キャンディーの表側にカラーホイル紙を貼り、好みに飾ります。
3. Eを3枚ずつ貼り合わせて、キャンディーのフリルを2つ作ります。
4. キャンディーの両端にフリルを貼ります。
5. 台紙にクッキー、キャンディーを貼ります。

ポイント・・・
Eはぱっと開いたように貼ると、フリルが華やかになります。

キャンディーの折り方

1. 7.5×7.5cmのおりがみを用意します。中心を1cmあけて、上下を折ります。
2. 4つの角を折ります。
3. 表に返すとキャンディーのでき上がり！

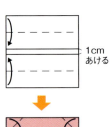

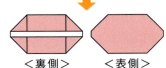

難易度 ★★☆

コーヒーカップ

花柄やグラデーションなど、さまざまな包装紙を使って、自分だけのコーヒーカップを作りましょう。
眺めていると、ほっと一息つきたくなります。

用意するもの　N　P

- ☑ 壁紙＝15×15cm・1枚
- ☑ テーブル＝P・10本、7.5×15cm・1枚
- ☑ コーヒーカップ＝15×15cm・1枚
- ☑ お皿＝15×12cmで折ったN・1枚
- ☑ 持ち手＝P・1枚

★N・Pの折り方は14〜15ページ
★コーヒーカップの折り方は右

コーヒーカップの折り方

1. 15×15cmのおりがみを用意します。折り目に向かって折ります。
2. 半分に折ります。
3. 2つの角を裏側に折ります。

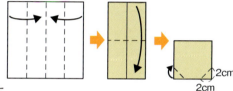

作り方

1. まずテーブルを作ります。P・10枚のうち、6枚を半分の長さに切って12枚にし、そのうちの11枚を縦軸にします。長いP・4枚を横に通して編み編みを作ります。
★編み編みの作り方は17ページ

2. 壁紙の端を1cm折り、テーブルの上に1cm重ねて貼ります。

3. テーブルを含めて、縦が15cmになるように壁紙を切ります。

4. コーヒーカップを折って作り、お皿を1cm重ねて貼ります。

5. 持ち手はPを半分に折って細長くして使います。折り曲げて好みの長さに切り、カップの裏側に貼ります。

6. 台紙にコーヒーカップを貼ります。

7. テープリボンなどを貼って、好みにコーヒーカップやお皿を飾りましょう。

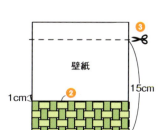

最後の段は裏をセロハンテープで貼ってから切る

もっとかんたんに！
テーブルを英字柄のおりがみに変えて貼るだけ。編み編みを作らなくてもアレンジできます。

いろいろなコーヒーカップが並びました。木々や空の写真を背景にすると、森の中でお茶を楽しんでいる風景に見えてきます。ぜひ工夫してみてください。

難易度 ★☆☆

もみじ

秋が深まると、
緑色だった葉も赤や黄色に染まります。
パーツの色を少しずつ変えて、
色づいた葉を表現してみましょう。

用意するもの

- [x] 15×15cmの台紙1枚
- [x] 葉＝5×5cmで折ったE・5枚、3.75×3.75cmで折ったE・2枚
- [x] くき＝P・1本

★E・Pの折り方は12〜15ページ

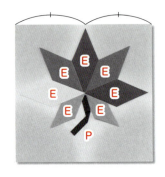

作り方

1. 中心のEを台紙に貼ります。小さいEが両端になるように、残りのEを台紙に配置します。
2. くきはPを半分に折って、細長くして使います。好みのサイズに切って折ります。
3. くきを葉の下に重ね、台紙にEとくきを貼ります。

思い思いに色づいたもみじを合わせてみましょう。まだ紅葉していない緑色の葉や、黄色の葉、赤やオレンジ色に染まった葉がきれいです。

台紙を変えてみましょう

台紙にパーツPを12本貼りました。Pをグラデーションのように並べると、もみじの背景が広がります。

★台紙の作り方は16ページ

難易度 ★★☆

紅葉

木々の葉が、少しずつ紅色に変わります。
台紙は新聞紙をちぎりって貼って、
グラデーションが広がる空を表現しましょう。

用意するもの

- [ ] 15×15cmの台紙1枚、ちぎった新聞紙など
- [ ] 葉=5×5cmで折ったK・16枚
- [ ] 木=7.5×7.5cmで折ったB・1枚
- [ ] 枝=3.75×3.75cmで折ったD・2枚

★台紙の作り方は17ページ
★B・D・Kの折り方は11～14ページ

作り方

1. 台紙を作ります。
2. 台紙の上にKを16枚貼ります。

> **ポイント…**
> 葉をきれいに貼るポイントは、まず台紙の上に4等分の線を引きます。線を目安に①～⑯の順番で貼るときれいに仕上がります。

3. BとDを貼り、木と枝をつけます。

家の作り方

5×5cmで折ったKを屋根にして、パーツPを3本並べて家に。

★K・Pの折り方は14～15ページ

木をたくさん並べて、その周りを柵と家で囲みました。木と木の間を少し開けて、道ができるように遊び心を。

難易度 ★★☆

りんご

りんごの型紙 77ページ

秋のおいしいくだもの、
りんごを切り紙で作りましょう。
台紙は一列に並べたものをずらしてひと工夫を。

用意するもの

- [ ] 12×15cmの台紙1枚、P・9枚（2色を用意）
- [ ] 台紙を貼る紙＝4×15cm
- [ ] 切り紙＝15×15cmのおりがみ
- [ ] ヘタ＝P・1枚
- [ ] 葉＝5×5cmで折ったM・2枚

★M・Pの折り方は14～15ページ

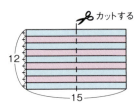
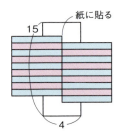

作り方

1. 台紙にPを9枚、色違いに貼ります。
2. 台紙を縦半分に切り、1段ずらして紙に貼ります。紙の余分な部分は切ります。
3. おりがみを半分に折り、りんごの型紙をあてて図案を写します。
4. 図案にそってりんごを切り、切り紙を作ります。
  ★切り方は43ページも参考にしてください
5. りんごの中にPがおさまるように貼ります。
6. ヘタはPを半分に折り、細長くして好みの長さに切ります。
7. ヘタ、M・2枚を合わせた葉を貼ります。

おりがみの代わりに、紙袋を使って切り紙を作りました。チェックや枝のように見える模様が、木になったりんごのようです。

| 難易度 ★★☆ |

ふくろう

目の型紙 77ページ

ぽってりとした体が愛らしいふくろうを、
まん丸のお月さまが照らしています。
体の模様はパーツの色を変えて、
黒目は手で自由にちぎると表情が豊かになります。

用意するもの

- [x] 15×15cmの台紙1枚
- [x] ふくろうの体、耳、口ばし
  ＝5×5cmで折ったG・13枚（2色を用意）
- [x] ふくろうの羽
  ＝5×5cmで折ったF・2枚
- [x] 目＝白と金と黒のおりがみを少々
- [x] 月＝15×15cm
- [x] 枝＝P・2枚
- [x] 葉＝3.75×3.75cmで折ったF・2枚

★F・G・Pの折り方は12〜15ページ

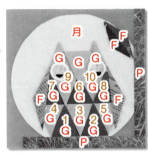

作り方

1. おりがみを自由に丸く切って月を作ります。
2. 台紙の中央に月を、右端と下にPを貼り、枝を作ります。下の枝は好みの長さに切って使います。
3. ①〜⑩の順番でGを貼って、ふくろうの体を作ります。
4. ふくろうの耳は、5mm間を空けて貼ります。

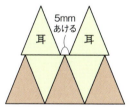

5. 耳の頂点から1cm下げて、G（くちばし）を耳と耳の間に貼ります。
6. 耳の下に目を貼ります。
7. 羽は耳のはみ出しをかくすように貼ります。
8. 枝の端にFを2枚合わせた葉を貼ります。

よそ見しているふくろうや、眠そうなふくろうも。

COLUMN 3
お年寄りもいきいき！
制作中を訪問しました

埼玉県さいたま市にある介護付有料老人ホーム「家族の家ひまわり与野」。堀込さんはここでリハビリを主とした機能訓練の指導員をしていました。壁飾りは指先を使った訓練の一環として、入居者の方たちが制作したもの。完成したらカレンダーと合わせて、ホームのエントランスに飾られています。ホームにおじゃまして、制作の様子を見せてもらいました。

介護付有料老人ホーム「家族の家ひまわり与野」
〒338-0013　埼玉県さいたま市中央区鈴谷8-3-8
TEL 048-840-2080　FAX 048-840-2081
ホームページ http://www.saneido.co.jp/kaigo/yono/

「リハビリにはできた時の達成感や喜びにつながることが大切」と堀込さん。かんたんな作品ばかりではなく、少し難しい要素を取り入れるように工夫しています。

作っている方にお話を聞きました。「昔から手芸が好きでした。年齢と共に、だんだん目が見えにくくなってしまいましたが、おりがみならば、針も糸も使わないので作れます」。また、「どんなものができ上がるのだろう、と考えながら作る時間が楽しくて」ともお話してくれました。

6～7人でテーブルを囲んで作ります。よく使う道具は、1人1セットずつそろえておくと便利です。早い方は1時間の間に、2～3枚の壁飾りを仕上げてしまうそう。皆さん夢中になりながら、会話も弾みます。

ホームのエントランス風景。皆さんで作った、着物の壁飾りがカレンダーとして飾られています。

堀込さんは現在も、ボランティアで入居者の方と一緒に制作を続けています。年に1回、でき上った壁飾りを集めて展示会が開かれます。会場に並んだ様子は華やかです。

撮影：森谷則秋

写真・本文は『キルトジャパン2014年4月号』（日本ヴォーグ社）より抜粋しています。

冬 クリスマスのオーナメント

難易度 ★★☆

クリスマスのモチーフを台紙に貼って、
オーナメントを作りましょう。
台紙には凹凸のあるボール紙を使いました。
立体感が出て、しっかりと仕上がります。

モチーフの作り方

サンタ

ふくろの型紙 78ページ

用意するもの

- ☑ 台紙＝直径9cmの円
- ☑ 帽子・服＝7.5×7.5cmで折ったG・2枚
- ☑ 帽子のふち＝P・1枚
- ☑ 顔＝7.5×7.5cmで折ったL・1枚
- ☑ ひげ＝3.75×3.75cmで折ったK・1枚
- ☑ ふくろ＝4×4cmのボール紙
- ☑ ポンポン、ボタン＝少々

★G・K・L・Pの折り方は13～15ページ

作り方

1. 下の図を見ながら、服の上に顔を貼り、顔の上にひげを重ねて貼ります。服の上にはおりがみを丸く切ったボタンをつけます。

2. 帽子の先を折り、おりがみを丸く切ったポンポンをつけます。帽子と顔をつき合わせて裏をセロハンテープで貼り、表に帽子のふちを貼ります。

3. ボール紙にふくろの型紙を合わせて図案を写します。図案にそって切り、ふくろを作ります。

4. 服の裏側にふくろをつけ、台紙にサンタを貼ります。

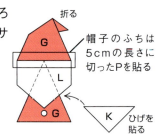

★オーナメントの台紙は、ボール紙を直径9cmの円に切って使います。
穴あけパンチなどで、穴を開けてひもを通しましょう。

キャンドル

用意するもの E P

- [ ] 台紙＝直径9cmの円
- [ ] キャンドル＝6×2.5cmの紙、P・4枚（2色を用意）
- [ ] キャンドル台＝3.75×3.75cmで折ったE・2枚
- [ ] 炎＝2.5×2.5cmで折ったE・1枚

★E・Pの折り方は12〜15ページ

作り方

1. 6×2.5cmの紙の上に、半分の長さに切ったPを斜め45度に6枚貼ります。紙からはみ出したPの余分を切って、キャンドルを作ります。
2. E・2枚を貼り合わせて、キャンドル台を作ります。
3. 台紙にキャンドル、キャンドル台、炎を貼ります。

ポインセチア

用意するもの E

- [ ] 台紙＝直径9cmの円
- [ ] 緑色の葉＝5×5cmで折ったE・4枚
- [ ] 赤色の葉＝3.75×3.75cmで折ったE・8枚
- [ ] 花＝金紙を少々　★Eの折り方は12ページ

作り方 ＊下の図を参考にしてください

1. 緑色の葉を2枚ずつ貼り合わせたものを2組作ります。
2. 葉2組を十字に重ねて中心をのりで貼ります。
3. 赤色の葉を4枚、葉と葉の間に貼ります。
4. 緑色の葉より約5mm内側に赤色の葉を重ねて、残りの4枚を十字に貼ります。
5. 葉の中心に、小さく切った金紙を貼って花を作ります。
6. 台紙にポインセチアを貼ります。

トナカイ

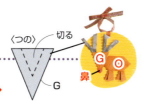

用意するもの G O

- [ ] 台紙＝直径9cmの円
- [ ] 頭＝5×5cmで折ったG・1枚
- [ ] つの＝5×5cmで折ったG・2枚
- [ ] 鼻＝少々
- [ ] 体＝5×5cmで折ったO・1枚
- [ ] 足＝5×5cmで折ったG・2枚

★G・Oの折り方は13〜15ページ

作り方

1. 体に頭と足を貼り合わせます。
2. 頭につのと、丸く切った鼻をつけます。
3. 台紙にトナカイを貼ります。

ステッキ

ステッキ・リボンの型紙 78ページ

用意するもの P

- [ ] 台紙＝直径9cmの円
- [ ] ステッキ＝15×11.5cmの紙、P・9枚（2色を用意）
- [ ] リボン＝5×5cmのおりがみ

★Pの折り方は15ページ

作り方

1. 15×11.5cmの紙にPを縦に9枚貼ります。
2. ステッキの型紙をあてて図案を写します。図案にそって切り、ステッキを作ります。
★図案の写し方は63ページのステッキを参考に
3. おりがみを半分に折り、リボンの型紙をあてて図案を写します。図案にそって切り、リボンの切り紙を作ります。
4. 台紙にステッキ、リボンを貼ります。

難易度 ★★☆

六角形の型紙 78ページ

リース

大きなベルとリボンを飾ったリース。
ドアやお部屋に飾って、楽しいクリスマスを迎えましょう。
紙で作れば厚みがないので、しまう時にもかさばりません。

用意するもの

- [x] 15×15cmの台紙1枚
- [x] リース＝5×5cmで折ったK・12枚（2色を用意）
- [x] リボン＝5×5cmで折ったG・4枚
- [x] リボンの結び目＝5×5cm
- [x] ベル＝P・1枚

★G・K・Pの折り方は13〜15ページ

リースとリボンの色柄は自由に選んで作りましょう。たくさんつなげる時は台紙の色を2色にして、市松模様に並べると1枚ずつが引き立ちます。

作り方　★まずKを台紙に貼ってリースを作ります。リボン、ベルをそれぞれ作って貼りましょう。

リース

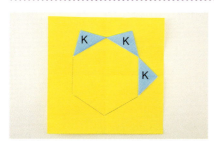

① 台紙に六角形の型紙を写します。六角形の辺に合わせて、Kを6枚貼ります。

② 6辺の中心に頂点がくるように型紙を合わせます。頂点に印をつけます。

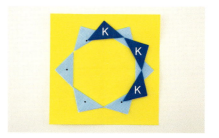

③ 印と印がKの両端になる位置に合わせて、色違いのKを6枚貼ります。

リボン

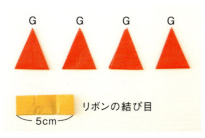

① Gを4枚とリボンの結び目を用意します。リボンの結び目は、5×5cmを3つ折りにして使います。

② リボンの結び目を縦にして置き、中心にGを2枚重ねてのりで貼ります。

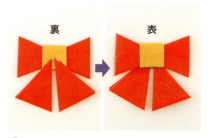

③ リボンの結び目を巻いてのりかセロハンテープで貼ります。裏側にGを2枚貼ります。表に返すとリボンのでき上がり。

ベル

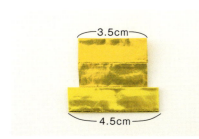

① Pを3.5cm、3.5cm、4.5cmの長さに切ります。残ったPは鈴で使います。3枚を並べて、裏側をセロハンテープで止めます。

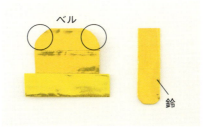

② ベルの上の両角を丸く切ります。残ったPの先を丸く切り、鈴を作ります。

③ ベルの裏側から鈴をつけます。

難易度 ★★☆

4本のツリー

星の型紙 78ページ

台紙の4方向からツリーが伸びたような、楽しいデザインの壁飾り。ツリーの下に貼った、レースペーパーの透け感もおしゃれです。

用意するもの

- ☑ 15×15cmの台紙1枚
- ☑ 直径15cmのレースペーパー1枚
- ☑ 葉＝7.5×7.5cmで折ったK・8枚
- ☑ 木＝P・1枚
- ☑ 星＝5×5cm

★K・Pの折り方は14〜15ページ

作り方

1. 台紙にレースペーパーを貼ります。
2. 台紙を4等分する線を引きます。
3. Pを1cmの長さに4枚切って、木を作ります。
4. 台紙の線上に、木と葉を貼ります。
5. 5×5cmのおりがみの上に、星の型紙を合わせて図案を写します。図案にそって切った星を、中心に貼ります。

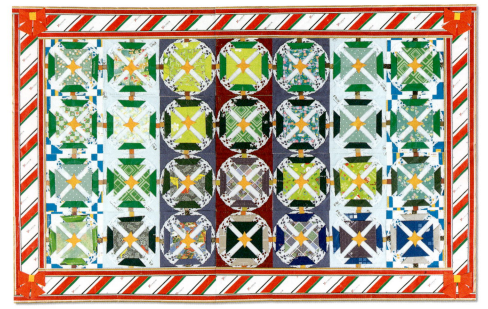

4本のツリーを並べると、隣り合ったツリーどうしがつながります。遠くから見るとレースペーパーの円に浮かんだ模様のような、おもしろい見え方がします。

| 難易度 ★☆☆ |

かんたんツリー

星の型紙 78ページ

葉を1枚のパーツで作る、かんたんツリー。葉の面積が大きいので、飾りをたくさんつけて賑やかにしましょう。

用 意 す る も の

- ☑ 15×15cmの台紙1枚
- ☑ 葉=15×15cmで折ったB・1枚
- ☑ 木=7.5×7.5cmで折ったJ・1枚
- ☑ 星=4×4cm
- ☑ 飾り=おりがみやテープリボンなど好みに

★B・Jの折り方は11〜13ページ

作り方

1. 木はJを半分に折り、長方形にします。
2. 木を葉の間に半分入れて、台紙に木と葉を貼ります。
3. 星や丸く切ったオーナメント、テープリボンなどでツリーを好みに飾ります。

| 難易度 ★★☆ |

4段重ねのツリー

三角形・星の型紙 78ページ

大きさの違う三角形を組み合わせて、ギザギザした葉の様子を表現しましょう。

用 意 す る も の

- ☑ 15×15cmの台紙1枚
- ☑ 1番上の葉=5×5cmで折ったK・1枚
- ☑ 葉=三角形の型紙3枚、P・6枚
- ☑ 木=P・1枚
- ☑ 地面=P・1枚
- ☑ 星=4×4cm
- ☑ 飾り=おりがみやテープリボンなど好みに

★K・Pの折り方は14〜15ページ

作り方

1. 型紙を使って三角形の紙を3種類・各1枚ずつ用意します。
2. 三角形の下の辺に合わせて、Pを2枚貼ります。はみ出したPは紙に合わせて切ります。同じように、残りの2枚の三角形にもPを貼ります。

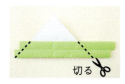
切る

3. 1番上のKと三角形3枚を重ねて貼り合わせ、ツリーの葉を作ります。
4. 台紙の下の辺にPを貼り、地面を作ります。
5. 木はPを2cmの長さに2枚切り、並べて使います。台紙に葉と木を貼ります。
6. 星や丸く切ったオーナメント、テープリボンなどでツリーを好みに飾ります。

白やむらさき色のツリーもすてきです。

| 難易度 ★☆☆ | 難易度 ★★☆ | ひいらぎの型紙 77ページ |

星

夜空に輝く大きな星。外側のパーツには金や銀色のおりがみを選ぶと、いっそう輝いて見えます。

用意するもの E H

- ☑ 15×15cmの台紙1枚
- ☑ 星（金色）＝5×5cmで折ったE・8枚
- ☑ 星（ピンク色）＝5×5cmで折ったE・8枚
- ☑ 星の中心＝3.75×3.75cmで折ったH・4枚

★E・Hの折り方は12～13ページ

作り方

1. 台紙を4つ折りにして折り目をつけます。折り目を目安に、中心を合わせて金色のEを8枚貼ります。

2. 金色のEから約5mmずらして、上にピンク色のEを重ねて貼ります。

3. 8枚貼れました。

4. 中心はHを2枚ずつ貼り合わせたものを2組作ります。2組を十字に合わせて中心をのりで貼ります。

ひいらぎ

ギザギザ葉っぱのひいらぎは、切り紙で左右対称に作りましょう。

用意するもの G P

- ☑ 7.5×15cmの紙1枚、P・6枚
- ☑ 切り紙＝15×15cmのおりがみ
- ☑ リボン＝7.5×7.5cmで折ったG・4枚
- ☑ リボンの結び目＝5×5cm
- ☑ ひいらぎの実＝赤や金のおりがみを少々

★G・Pの折り方は13～15ページ

作り方

1. 7.5×15cmの紙にPを6枚並べて貼ります。

2. おりがみを半分に折り、ひいらぎの型紙を写します。図案にそって切り抜いて、ひいらぎの切り紙を作ります。

3. 59ページを参考に、G・4枚とリボンの結び目を組み合わせて、リボンを作ります。
★リボンのたれは、実が見えるように広げて貼ります。

4. ひいらぎの図案の中に、Pが収まるように貼ります。

5. ひいらぎにリボンと、丸く切った実を貼って飾ります。

難易度 ★★☆

ステッキ・ブーツ・キャンドル

モチーフの型紙 78ページ

しましま模様のモチーフは一見複雑に見えますが、パーツを並べてカットするだけでかんたんに作れます。

用意するもの

- ☑ 15×15cmの台紙1枚
- ☑ ステッキとブーツ＝15×7.5cmの紙、P・6枚（2色を用意）
- ☑ キャンドル＝9×2.5cmの紙1枚、P・2枚（2色を用意）
- ☑ キャンドル台＝3.75×3.75cmで折ったM・1枚
- ☑ 炎＝5×5cm

★M・Pの折り方は14〜15ページ

作り方

1. 15×7.5cmの紙に、Pを縦に6本色違いで並べて貼ります。
2. ステッキとブーツの型紙をあて、図案を写します。図案にそって切り抜き、ステッキとブーツを作ります。
3. 9×2.5cmの紙に、Pを斜めに色違いで貼っていきます。紙にそってはみ出したPを切り、キャンドルを作ります。
4. 台紙にステッキ、ブーツ、キャンドル台、キャンドル、ひし形に切った炎を貼ります。

難易度 ★☆☆

家とモミの木

三角形を組み合わせて、大きなモミの木を作りましょう。隣に小さな家を並べることで、大きさが伝わります。

用意するもの

- ☑ 15×15cmの台紙1枚
- ☑ 葉＝5×5cmで折ったG・9枚
- ☑ 木＝P・1本
- ☑ 屋根＝5×5cmで折ったK・1枚
- ☑ 家の壁＝P・1枚
- ☑ 窓＝P・1枚

★G・K・Pの折り方は13〜15ページ

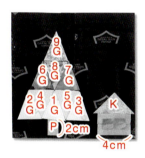

作り方

1. Pを2cmの長さに切って木を作ります。
2. 台紙に木を貼り、Gを①〜⑨の順番で貼って葉を作ります。
3. Pを4cmの長さに2枚切り、並べて台紙に貼って家の壁を作ります。
4. 窓はPを正方形に2枚切り、壁に貼ります。
5. 壁の上にKを貼って屋根を作ります。

4種類をつなぎました。額ぶちにはクリスマスカラーの赤色の包装紙を使って、ボール紙を雪に見立てて飾りました。

難易度 ★★☆

教会

真っ白な壁にブルーの屋根が映える教会。
金や銀色のおりがみで十字架を作ると雰囲気が出ます。

用意するもの

- ☑ 15×15cmの台紙1枚
- ☑ 教会＝5×11.5cmの紙、P・4枚
- ☑ 1階の屋根＝P・1枚
- ☑ 2階の屋根＝7.5×7.5cmで折ったL・1枚
- ☑ ドア・窓・十字架＝各P・1枚
- ☑ 地面＝P・2枚
- ☑ 木＝7.5×7.5cmで折ったI・2枚

★I・L・Pの折り方は13〜15ページ

作り方

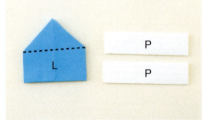

❶ Lの点線に合わせて、Pを2枚貼ります。

❷ はみ出したPを切ります。

❸ Pの角を丸く切って窓を作り、貼ります。

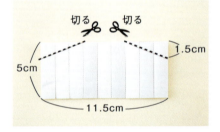

❹ 5×11.5cmの紙にPを9枚並べて貼ります。真ん中を3枚分あけて、左右1.5cmの位置までななめに切ります。

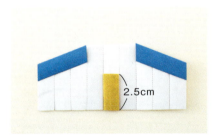

ななめの辺に合わせてPを貼り、1階の屋根を作ります。ドアを貼ります。

❺ 台紙の下側に地面を2枚、両側に木を貼ります。教会、十字架を貼ってでき上がり。

難易度 ★★☆

ポインセチア

台紙いっぱいに大きく葉を広げたポインセチア。
真っ赤に色づいた装いがきれいです。

用意するもの

- [ ] 15×15cmの台紙1枚、P・12枚
- [ ] 赤色の葉＝7.5×7.5cmで折ったE・4枚
- [ ] オレンジ色の葉＝7.5×7.5cmで折ったE・4枚
- [ ] 黄色の葉＝5×5cmで折ったE・4枚

★台紙の作り方は17ページ
★E・Pの折り方は12〜15ページ

作り方

1 台紙にPを3段ずつ、合計12枚貼って額ぶち風の台紙を作ります。赤色の葉を放射状に貼ります。

2 オレンジ色の葉を縦に2枚重ねて貼ります。

3 オレンジ色の葉を横に2枚重ねて貼ります。

4 黄色の葉を4枚、放射状に貼ります。

教会とポインセチアを組み合わせて。ポインセチアは赤色のほかにも、ピンクやマーブル模様などさまざまな品種があります。葉の中心には、Pを半分に細長く折って細かく切った花を飾ってもすてきです。

| 難易度 ★★☆ |

雪の結晶

六角形の幾何学模様が美しい雪の結晶。パーツの色は2色を使って、模様の美しさを引き立ててみましょう。

> 六角形の型紙 79ページ

用意するもの

- ☑ 青色の結晶＝3.75×3.75cmで折ったA・12枚
- ☑ 銀色の結晶＝3.75×3.75cmで折ったA・6枚
- ☑ 中心の六角形＝5×5cm

★A・Pの折り方は11～15ページ

ポイント …
Aを重ねる時は、写真のように点線の位置に下のパーツの頭がくるように合わせます。銀紙ははがれやすいのでしっかりのりで貼ります。

作り方

❶ 青、銀、青色のAを縦に並べます。3枚を折り代にさし込んで重ねて貼り合わせます。

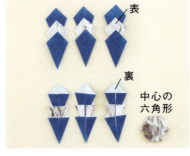

❷ 同じように、❶を6組作ります。中心は、5×5cmのおりがみの裏側に六角形の型紙を置き、型紙に合わせて折ります。

❸ 中心の六角形を裏側にしておきます。六角形の角にAの先を合わせて貼ります。

❹ 向かい合うパーツを貼る時は、点線にAの先を合わせて貼るときれいに並びます。

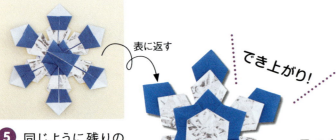

❺ 同じように残りのパーツも貼ります。

表に返す → でき上がり！

雪の結晶を、Pを12本並べた台紙に貼りました。
★台紙の作り方は16ページ

結晶のふしぎ

空気中の水が氷るとできる氷の分子は、六角形の形をしています。

氷の分子が雪となって地上に降るころには、六角形の角にたくさんの粒がついて、美しい結晶ができ上がります。さまざまに形を変える結晶は、2つとして同じものがありません。

ぜひおりがみのパーツを氷の粒に見立てて、いろいろな形を組み合わせてみましょう。自分だけのオリジナルの結晶ができ上がります。

難易度 ★★☆

つばき

冬から春にかけて、美しい赤い花を咲かせるつばき。
中心で花芯のように見えるのは、実は白い花びらです。
毛糸を使って質感を出しましょう。

用意するもの

- [x] 15×15cmの台紙1枚
- [x] 花＝5×5cmで折ったB・5枚
- [x] 大きい葉＝7.5×7.5cmで折ったM・4枚
- [x] 小さい葉＝5×5cmで折ったM・4枚
- [x] 花の中心＝毛糸少々

★B・Mの折り方は11〜14ページ

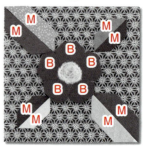

作り方

1. Bの2つの角を折って、花びらを5枚作ります。

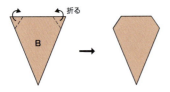

2. 花びらの隣どうしが少し重なるように5枚貼り、花を作ります。花の中心は毛糸をくるくる巻きながらのりで貼ります。
3. 台紙を対角線で4つ折りにして折り目をつけます。
4. 折り目を目安に、大きい葉はMを台紙の角に合わせて4枚貼ります。小さい葉はMを台紙の角から約1cmあけて貼ります。
5. 花を台紙の中心に貼ります。

赤や白、ピンク色のつばきを並べて。和柄のおりがみで折った花もすてきです。

ポイント …

毛糸を貼る時は、つま楊枝で形を丸く整えながら貼ると仕上がりがきれいです。また、毛糸の代わりに、丸く切ったボール紙や小さく切った金紙などでもアレンジできます。

COLUMN 4
壁飾りをアレンジしてみましょう

壁飾りは、アイデア次第で
いろいろな小ものに生かすことができます。
ぜひアイデア例を参考に、楽しみながら
アレンジしてください。

アイデア その1
布とリボンに貼って

ハロウィンのキャラクターやキャンディーのモチーフを、両面テープでリボンとメッシュの布に貼りました。リボンに貼ったキャンディーは、カラフルなオーナメントに。メッシュの布は透ける素材なので、窓辺のサイズに合わせて作れば、昼と夜の表情が楽しめます。

アイデア その2
モチーフを組み合わせて

クリスマスのモチーフを台紙に貼って、にぎやかに飾りました。台紙の裏側にリボンをセロハンテープで止めると、ドアのぶにも掛けられて便利です。

アイデア その3
季節のお便りに

紙のサイズを小さくして折ったモチーフを、メッセージカードにそえてみましょう。手づくりの温かさが伝わります。

お正月 着物

難易度 ★★★

着物の型紙 79ページ

季節の花や文様など、日本の着物は繊細で華やかさがあります。
包装紙や和柄のおりがみを利用して、
着物の柄の出方を楽しんで作ってみましょう。

用意するもの

- ☑ 15×15cmの台紙1枚
- ☑ 後みごろ＝15×15cm・1枚
- ☑ 前みごろ＝15×7.5cm・2枚
- ☑ 前みごろのすそ回し＝9×3cm・2枚
- ☑ そで＝15×3.5cm・2枚
- ☑ そでのすそ回し＝4.5×3cm・4枚
- ☑ えり＝4.5×3.3cm・1枚

着物の柄はすべて包装紙を利用して表現しました。包装紙には、無地の中にも少し模様が入っているものや、モダンな柄などさまざまです。ぜひ活用してください。

しぼり染めのように見える柄を使って。

グラデーションが美しい包装紙を利用。

着物の作り方

★①～⑥までのパーツを作り、パーツを貼り合わせて着物を作ります。後みごろ・前みごろ・そで・えりのパーツは型紙に合わせて折るとわかりやすくなります。
★着物ができたら、台紙に貼ります。

パーツの合わせ方
①すそ回しに前みごろのわ側を重ねて、表側からすそ回しが少し見えるように貼ります。
②前みごろの上に後みごろを重ねて、表側から見て前みごろが広がるように貼ります。
③そでの間にすそ回しをはさんで、少し見えるように貼ります。
④そでは後みごろの上の辺と真っ直ぐに貼ります。台紙に着物を貼り、最後にえりを貼ります。

①後みごろ

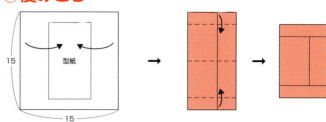

❶ おりがみの中心に型紙を置き、左右を型紙に合わせて折ります。

❷ 上下を型紙にそって折ります。

②前みごろ

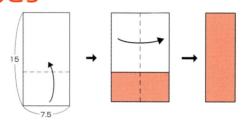

❶ 15×7.5cmのおりがみの下に型紙を置き、型紙の点線に合わせて折ります。

❷ 半分に折ります。2枚折ります。

③前みごろのすそ回し

9×3cmのおりがみを半分に折ります。
2枚折ります。

④そで

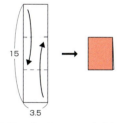

15×3.5cmのおりがみを3つ折りにします。
2枚折ります。

⑤そでのすそ回し

4.5×3cmのおりがみを半分に折ります。
4枚折ります。

⑥えり

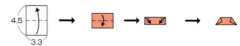

❶ 4.5×3.3cmのおりがみを半分に折ります。

❷ さらに半分に折ります。

❸ 点線のあたりでななめに折ります。

難易度 ★☆☆

要の型紙 79ページ

扇

扇はその形が"末広がり"を表すとして、
栄えていくという縁起のいいモチーフの一つです。
お正月に作るなら、こんなあでやかな柄もすてきですね。

用意するもの

- [x] 15×15cmの台紙1枚
- [x] 扇の面＝7.5×7.5cmで折ったI・5枚（2色を用意）
- [x] 扇の要＝5×5cm

★Iの折り方は13ページ

作り方

1. 台紙にIを①〜⑤の順番で貼り、扇の面を作ります。
2. 5×5cmのおりがみに要の型紙をあてて、図案を写します。図案にそって切り抜き、要を作ります。
3. 要を扇の面の根元に合わせて貼ります。

ポイント ･･･
要を貼った後、要を指でこすると下に敷いたIの形が浮き上がり、骨の様子が表現できます。

台紙を変えてみましょう

Pを縦に12枚貼り、上下に2枚ずつ重ねて貼って台紙を作りました。扇の柄には、成人式の着物の案内を活用。ほかにも、和柄のおりがみや着物の広告などを利用してみましょう。

★Pの折り方は15ページ

難易度 ★★★

破魔矢とこま
(はまや)

その名の通り、魔除けやお正月の縁起物として
飾られることが多い破魔矢。
2本の矢の間には、お正月に遊ぶこまを飾りましょう。

破魔矢の型紙79ページ

用意するもの　L　P

- [x] 15×15cmの台紙1枚、P・12枚
- [x] 破魔矢＝P・4枚（2色を用意）、型紙
- [x] 破魔矢の軸＝P・2枚
- [x] こま＝7.5×7.5cmで折ったL・1枚
- [x] こまの軸＝P・1枚

★台紙の作り方は16ページ
★L・Pの折り方は14～15ページ

羽の作り方

❶ 3.75×3.75cmで折ったE・3枚用意します。

❷ 3枚をのりで貼ります。

❸ Eの先に丸く切った羽の先を貼ります。

作り方

[破魔矢]

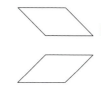

❶ 矢の型紙を2枚用意します。型紙の表と裏を使って、2枚が対称になるように使います。

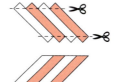

❷ P・2色を型紙に合わせて交互に貼っていきます。

❸ 2枚を真ん中で半分に切ります。

❹ 2枚を合わせ、裏をセロハンテープで止めて羽を2組作ります。

❺ 台紙の中心に羽を貼ります。軸はPを半分に折って細長くしたものをつけます。

[こま]

❶ Lの表側をテープリボンなどで好みに飾ります。

❷ Lの裏側に4cmの長さにカットしたPを縦に貼り、こまを作ります。

❸ 台紙にこまを貼ります。

破魔矢とこまを並べました。額ぶちには羽を飾って軽やかに。

73

難易度 ★★☆

ことぶき

羽子板の型紙 79ページ

おめでたい紅白の色でパーツを作りましょう。
金紙の上には羽子板を飾って。たくさんつなげてみると、おもしろい見え方がします。

用意するもの —P—

- [ ] 15×15cmの台紙1枚
- [ ] P・赤と白色を各6本
- [ ] 金紙＝7.5×7.5cm・1枚
- [ ] 羽子板＝7.5×7.5cm
- [ ] 羽子板の柄＝P・1枚

★Pの折り方は15ページ

作り方

❶ 台紙の角に7.5×7.5cmの金紙を貼ります。

❷ ①～⑫の順番で、Pの幅を合わせて切りながら貼っていきます。

❸ 7.5×7.5cmの紙の上に羽子板の型紙を置きます。型紙に合わせて折り、羽子板の形を作ります。折りぐせをつけたら、型紙は抜いて使いまわします。

❹ 羽子板の柄は、Pを半分に折り、細長くして使います。2.5cmの長さに切ります。

❺ 金紙の上に柄をつけた羽子板を貼ります。

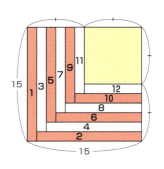

ポイント・・・

壁飾りをたくさん合わせる時は、赤と白の順番を入れ替えると並べた時に変化が出ます。

赤と白の配色を変えた、2種類の壁飾りを合わせてみましょう。模様が浮き上がってみえる楽しい効果が生まれました。

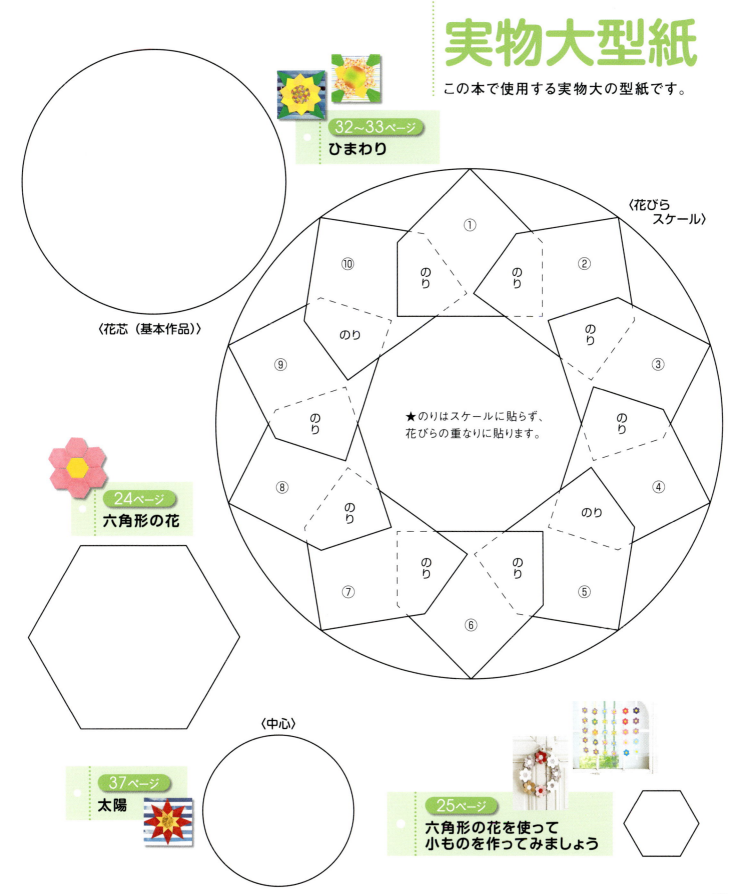

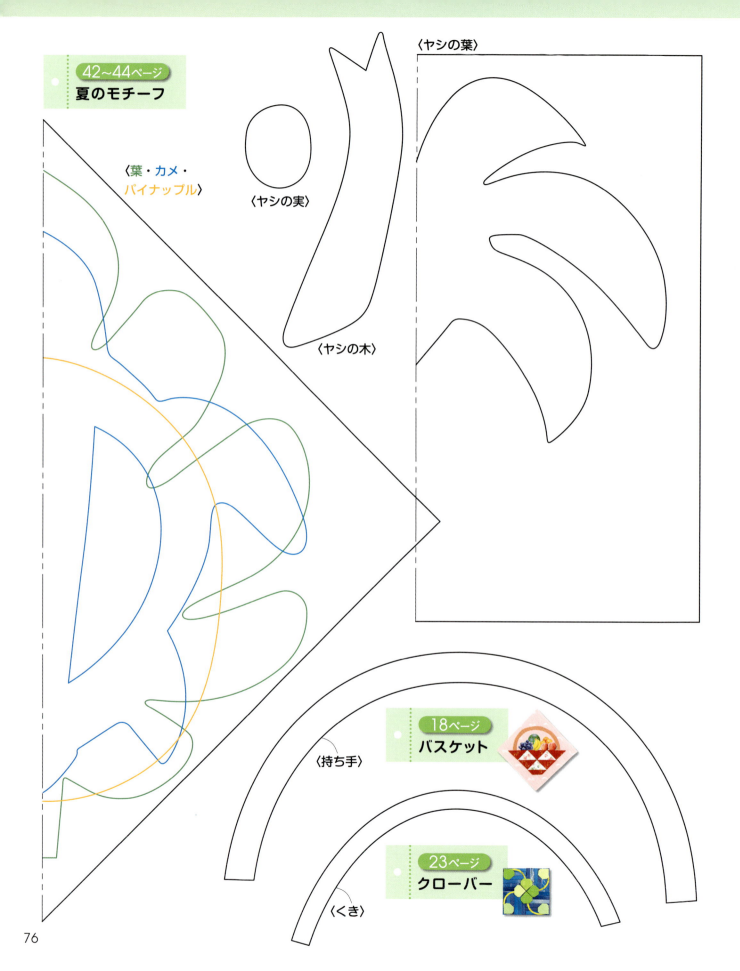

〈さかな〉

53ページ
ふくろう

〈目〉

〈りんご・ひいらぎ〉

52ページ
りんご

62ページ
ひいらぎ

〈魔女・月〉

47ページ
魔女 カボチャとコウモリ

〈魔女・顔〉

〈魔女・ほうき〉

〈カボチャ・目〉

〈カボチャ・口〉

〈カボチャ〉

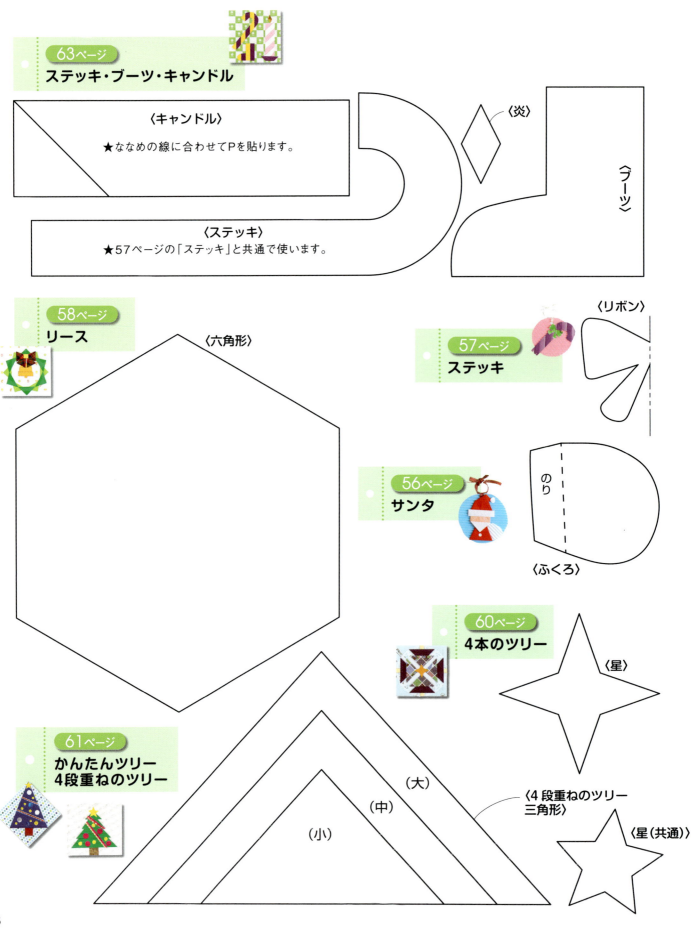

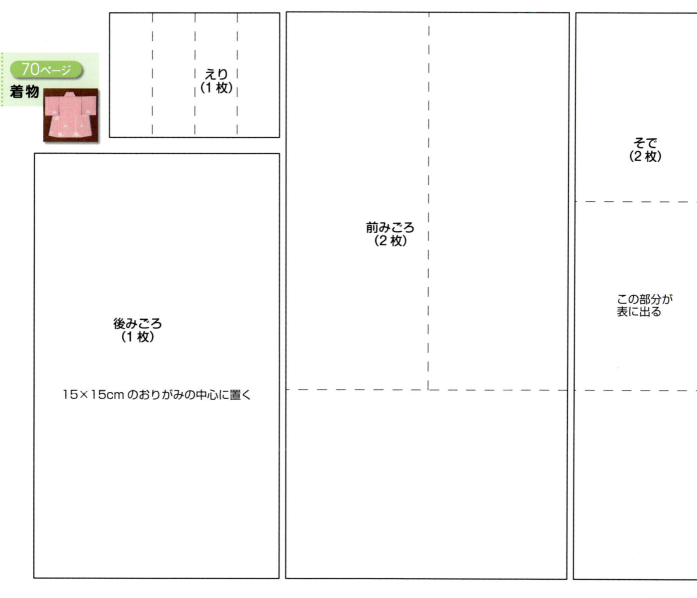
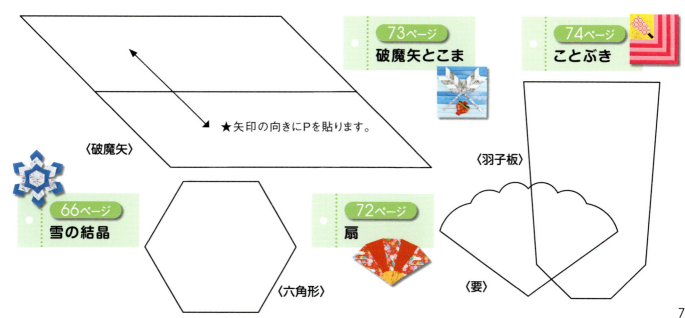

堀込好子

埼玉県出身。東京鍼灸マッサージ学校（現東京医療福祉専門学校）卒業後に東京医科大学付属病院勤務。出産を機に退職し、介護ヘルパーを経て2006年より介護付有料老人ホーム「家族の家ひまわり与野」に機能訓練指導員として勤務。2014年定年退職後も同施設にて手芸のボランティア活動中。

折ってつないで作る
季節のおりがみ壁飾り

著者	堀込好子
発行日	2015年8月24日
発行人	瀬戸信昭
編集人	森岡圭介
発行所	株式会社日本ヴォーグ社
	〒162-8705　東京都新宿区市ヶ谷本村町3-23
	Tel.03-5261-5489（編集）　03-5261-5081（販売）
振替	00170-4-9877
出版受注センター	Tel.03-6324-1155　Fax.03-6324-1313
印刷所	凸版印刷株式会社

Printed in Japan ©Yoshiko Horigome2015
NV70309 ISBN978-4-529-05483-6 C0076

制作協力
介護付有料老人ホーム「家族の家ひまわり与野」のみなさん

STAFF
- ブックデザイン　Ten Ten Graphics
- 撮影　白井由香里
- 撮影協力　堀込夏子
- 折り図　株式会社ウエイド（手芸制作部）
- 編集担当　加藤麻衣子

We are grateful.　あなたに感謝しております

手づくりの大好きなあなたに、この本をお選びいただきありがとうございます。内容はいかがでしたでしょうか？
本書が少しでもお役に立てば、こんなにうれしいことはありません。
日本ヴォーグ社では、手づくりを愛する方とのおつき合いを大切にし、ご要望におこたえする商品、サービスの実現を常に目標としています。
小社及び出版物について、何かお気づきの点やご意見がございましたら、何なりとお申し出ください。そういうあなたに、私共は常に感謝しております。
株式会社日本ヴォーグ社社長　瀬戸信昭　Fax.03-3269-7874

立ち読みできるウェブサイト
「日本ヴォーグ社の本」
http://book.nihonvogue.co.jp

日本ヴォーグ社関連情報はこちら
（出版、通信販売、通信講座、スクール・レッスン、自費出版）
http://www.tezukuritown.com/　手づくりタウン　検索

●本書に掲載する著作物の複写に関わる複製、上映、譲渡、公衆送信（送信可能化を含む）の各権利は、株式会社日本ヴォーグ社が管理の委託を受けています。
JCOPY <（社）出版者著作権管理機構　委託出版物>
●本書の無断複写は著作権法上での例外を除き禁じられています。複写される場合は、そのつど事前に、（社）出版者著作権管理機構(Tel.03-3513-6969、Fax.03-3513-6979、e-mail:info@jcopy.or.jp)の許諾を得てください。
※万一、乱丁本、落丁本がありましたら、お取り替えいたします。
※印刷物のため、実際の色とは色調が異なる場合があります。ご了承ください。